**Sekundarstufe II**

# Biosphäre
## ▶ Ökologie
*Klausuren*

# Biosphäre

Sekundarstufe II, Ökologie
Klausuren

**Autorinnen und Autoren:**
Anke Brennecke, Langerwehe; Raimund Leibold, Nittel;
Dr. Karl-Wilhelm Leienbach, Münster; André Linnert, Siegen;
Martin Post, Arnsberg

**Redaktion:**
Ina Albrecht

**Designberatung:**
Katharina Wolff-Steininger, Ellen Meister

**Umschlaggestaltung:**
SOFAROBOTNIK GbR, Augsburg & München

**Layout und technische Umsetzung:**
zweiband.media, Berlin

**Grafik:**
Karin Mall, Berlin;
Tom Menzel, Klingberg

**Bildquellen:**
Titel: istockphoto/Ameng Wu
Landkärtchen – Frühlingsform (links): mauritius images/Minden Pictures
– Sommerform (rechts): istockphoto/Sergey Chushkin
Wandelndes Blatt: istockphoto/Eric Isslée
Venusfliegenfalle: stockphoto/Cathy Keifer
Schwarzmilan: mauritius images/imagebroker/Marko König
Pflanze in Hand: Fotolia/Dusan Kostic

www.cornelsen.de

1. Auflage, 1. Druck 2012

Alle Drucke dieser Auflage sind inhaltlich unverändert und
können im Unterricht nebeneinander verwendet werden.

© 2012 Cornelsen Schulverlag GmbH, Berlin

Das Werk und seine Teile sind urheberrechtlich geschützt.
Jede Nutzung in anderen als den gesetzlich zugelassenen Fällen
bedarf der vorherigen schriftlichen Einwilligung des Verlages.
Hinweis zu den §§ 46, 52a UrhG: Weder das Werk noch seine
Teile dürfen ohne eine solche Einwilligung eingescannt
und in ein Netzwerk eingestellt oder sonst öffentlich zugäng-
lich gemacht werden.
Dies gilt auch für Intranets von Schulen und sonstigen
Bildungseinrichtungen.

**Druck:**
H. Heenemann, Berlin

ISBN 978-3-06-420111-8

 Inhalt gedruckt auf säurefreiem Papier aus
nachhaltiger Forstwirtschaft.

# INHALTSVERZEICHNIS

## Abiotische Umweltfaktoren — 4
Leben auf Sparflamme — 4
Adéliepinguin und Kaiserpinguin — 8
Transpiration — 12
Halophyten — 16
Verbreitung von zwei Laufkäferarten und ihre Reaktion auf Umweltfaktoren — 20

## Biotische Umweltfaktoren — 24
Reaktion auf veränderliche Umweltbedingungen — 24
Traubenkirschenlaus und Schlupfwespe — 28
Beziehungen zwischen Akazien und Ameisen — 32
Populationsentwicklung von Vogelarten in Siedlungsgebieten — 36

## Aufbau und Merkmale von Ökosystemen — 40
Stickstoffkreislauf und Düngung — 40
Stickstoffversorgung bei fleischfressenden Pflanzen — 44
Frostspanner und Kahlfraß — 48
Sukzession in einer Flussaue — 52

## Ausgewählte Ökosysteme — 56
Kormorane am Dümmer — 56
Lebensraum Schwarze Raucher — 60
Wahnbachtalsperre — 64
Lebensraumvielfalt an einer Mauer — 69

## Mensch und Umwelt — 74
Ökologischer Fußabdruck und ökologische Tragfähigkeit der Erde — 74
Zukunft der Menschheit — 77
Abmilderung der globalen Erwärmung — 81

| Name: | |
|---|---|
| Klausur Nr.: | Datum: |

## Abiotische Umweltfaktoren

### Material: Leben auf Sparflamme

*A Mausmaki-Arten auf Madagaskar*

Mausmakis gehören zu den Lemuren, einer Primatengattung, die ausschließlich auf Madagaskar vorkommt. Mit einem Körpergewicht von 30 bis 100 Gramm sind sie die kleinsten Primaten der Welt. Der Graue Mausmaki beispielsweise wiegt nur 40 bis 100 Gramm, der Rote Zwergmausmaki sogar nur etwa 30 Gramm. Mausmakis bewohnen die Laubschicht der Trockenwälder im Westen, aber auch die der Regenwälder im Osten Madagaskars. Hier suchen die nachtaktiven Tiere vor allem nach Früchten, Insekten und Spinnen.

Während des Winters auf der Südhalbkugel, also zwischen April und Oktober, herrscht Trockenzeit. Das stellt die Mausmakis vor erhebliche Versorgungsprobleme. Die Pflanzen werfen ihre Blätter ab, Blüten und Früchte sind nicht vorhanden.

In dieser Zeit lässt sich beobachten, dass Mausmakis, wie viele andere Kleinsäugetiere auch, in einen Tagesschlaf, den Torpor, verfallen. Andere Arten, wie der ebenfalls nachtaktive Fettschwanzmaki, fressen sich einen Fettvorrat an, der zum großen Teil im Schwanz gespeichert wird. Anschließend ziehen sie sich in Baumhöhlen zurück und halten von April bis September Winterschlaf.

*B Klima auf Madagaskar*

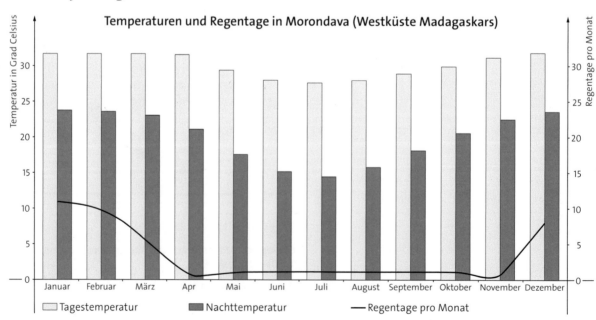

## C Untersuchung zur Stoffwechselrate und Körpertemperatur von Mausmakis in Abhängigkeit von der Lufttemperatur

Wissenschaftler der Universität Marburg untersuchten die Abhängigkeit der Stoffwechselrate und der Körpertemperatur von der Lufttemperatur bei verschiedenen Mausmaki-Arten. Ihr Ziel war es, den Torpor der Tiere im Freiland zu beobachten und seine energetische Effizienz zu ermitteln. Für die Untersuchung wurden die Tiere in geräumigen Gehegen im natürlichen Lebensraum gehalten, sodass ihre Bewegungsfreiheit nur unwesentlich eingeschränkt wurde. Als Ersatz für natürliche Baumhöhlen dienten Nistkästen. In diesen befand sich auch eine Messeinrichtung, die die Körpertemperatur und die Stoffwechselrate, gemessen als Sauerstoffverbrauch pro Stunde, der Tiere erfasste. In ihrem Gehege waren die Mausmakis zudem den natürlichen klimatischen Bedingungen im Trockenwald ausgesetzt.

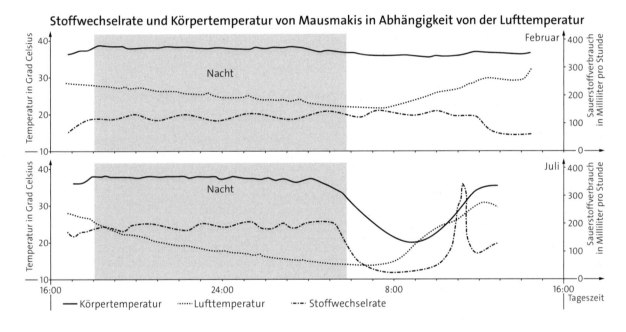

## Aufgaben

1 Erläutern Sie anhand von Beispielen Winterschlaf und Winterruhe als Möglichkeiten für effizientes Energiesparen bei homoiothermen Tieren! Gehen Sie in diesem Zusammenhang auch auf die Bedeutung der Körpergröße ein! (14 Punkte)

2 Erläutern Sie die speziellen Angepasstheiten der Mausmakis an das Klima auf Madagaskar während der Trockenzeit! (12 Punkte)

3 Vergleichen Sie Winterschlaf, Winterruhe und Torpor und erläutern Sie die Auswirkungen des Torpors auf die Aktivität der Tiere während der Trockenzeit! (8 Punkte)

# Abiotische Umweltfaktoren

## Material: Leben auf Sparflamme

| 1 Erläutern Sie anhand von Beispielen Winterschlaf und Winterruhe als Möglichkeiten für effizientes Energiesparen bei homoiothermen Tieren! Gehen Sie in diesem Zusammenhang auch auf die Bedeutung der Körpergröße ein! *(Anforderungsbereiche I + II)* | Punkte |
|---|---|
| – Fledermäuse und Siebenschläfer halten Winterschlaf. | 1 |
| – Vor Eintritt in den Winterschlaf fressen sich die Tiere Fettreserven an. Ein isolierendes Winterfell schützt zudem vor Wärmeverlusten. | 1 |
| – Die Tiere ziehen sich in ihren Unterschlupf zurück und treten in eine Art Schlafzustand. | 1 |
| – Im Winterschlaf sinkt die Körpertemperatur einige Grade über Null, die Atmung und die Kreislaufaktivitäten werden reduziert. | 1 |
| – Auf diese Weise ist der Energiebedarf zur Aufrechterhaltung der Lebensfunktionen im Vergleich zur den Aktivitätsphasen in den restlichen Monaten deutlich reduziert und dient nur der Aufrechterhaltung der Lebensfunktionen. | 1 |
| – Eichhörnchen, Dachse und Braunbären halten Winterruhe. | 1 |
| – Einige Winterruher legen im Herbst Nahrungsvorräte an, von denen sie im Winter zehren. | 1 |
| – Die Körpertemperatur der Tiere wird nicht deutlich herabgesenkt, jedoch ist die Herzschlagfrequenz verringert. | 1 |
| – Der Nahrungsbedarf wird durch Schlafphasen herabgesenkt, die durch kurze Aktivitätsphasen unterbrochen werden. | 1 |
| – Zudem besitzen auch sie ein isolierendes Winterfell, dass vor Wärmeverlusten schützt. | 1 |
| – Kleine Tiere haben aufgrund der im Verhältnis zum Körpervolumen großen Oberfläche große Wärmeverluste. Sie haben somit einen hohen Energiebedarf und können Nahrungsmangel nur kurze Zeit tolerieren. | 1 |
| – Eine Isolierung durch ein Winterfell und eine Fettschicht reicht zudem nicht aus, die Tiere vor Kälte zu schützen. Kleine Tiere wie der Siebenschläfer oder die Fledermaus halten daher Winterschlaf. | 1 |
| – Größere Tiere haben hingegen eine kleinere Körperoberfläche im Vergleich zu ihrem Körpervolumen. Der Wärmeverlust über die Körperoberfläche ist daher geringer. Diese Tiere können weiterhin ein ausreichend dickes Fell und eine Fettschicht anlegen, die sie nicht in der Bewegung einschränken und zudem ausreichend isolieren. Auch sind einige Winterruher in der Lage, ausreichend große Nahrungsvorräte anzulegen, von denen sie sich in den Aktivitätsphasen ernähren können. | 2 |
| **Gesamtpunktzahl Aufgabe 1:** | **14** |

# Lösungen

| 2 Erläutern Sie die speziellen Angepasstheiten der Mausmakis an das Klima auf Madagaskar! *(Anforderungsbereich II)* | Punkte |
|---|---|
| – Die genannten Mausmaki-Arten sind nachtaktive Tiere. In den Winternächten sinken die Temperaturen auf etwa 15 Grad Celsius im Vergleich zu circa 27 Grad Celsius am Tag. Der Energiebedarf zur Aufrechterhaltung der Lebensfunktionen und der Körpertemperatur steigt an. | 1 |
| – Während des Winters herrscht Trockenzeit. Die Bäume verlieren ihre Blätter. Blüten und Früchte sind nicht vorhanden. Den Mausmakis steht daher nur wenig Nahrung zur Verfügung. | 1 |
| – Die genannten Mausmaki-Arten zeigen verschiedene Angepasstheiten an den geschilderten Nahrungsmangel und die niedrigen Nachttemperaturen während der Trockenzeit. | 1 |
| – Fettschwanzmakis halten während der gesamten Trockenzeit Winterschlaf. Ihren Energiebedarf decken sie über die Fettvorräte, die sie vor allem in ihrem Schwanz gespeichert haben. | 1 |
| – Auffallend ist, dass die Tiere die gesamten Wintermonate schlafen, obwohl die Außentemperaturen tageszeitlich stark schwanken. | 1 |
| – Mausmakis fallen in den Wintermonaten in einen Tagesschlaf oder Torpor. | 1 |
| – Nach den kühlen Nächten im Juli sinken die Körpertemperatur und die Stoffwechselrate der Mausmakis um etwa 50 Prozent. Die Tiere verfallen in einen Torpor. | 1 |
| – Erst wenn die Außentemperatur im Laufe des Tages wieder deutlich auf etwa 20 Grad Celsius ansteigt, erhöht sich auch die Körpertemperatur der Tiere und steigt langsam wieder auf Werte von etwa 36 Grad Celsius an. | 1 |
| – Die Stoffwechselrate und damit auch die Aktivität der Tiere werden schlagartig erhöht, sobald die Außentemperaturen etwa 25 Grad Celsius erreicht haben. | 1 |
| – Im Gegensatz dazu bleibt die Körpertemperatur nach den milden Sommernächten im Februar auch tagsüber gleichbleibend hoch bei etwa 36 Grad Celsius. Der Sauerstoffverbrauch (und damit die Stoffwechselrate) beträgt gleichbleibend etwa 150 Milliliter pro Stunde. | 1 |
| – In der Torporphase sinkt der Energiebedarf der Tiere zur Aufrechterhaltung der Lebensfunktionen und der Körpertemperatur. Dies ist eine Angepasstheit an den Nahrungsmangel während der winterlichen Trockenzeit. | 2 |
| **Gesamtpunktzahl Aufgabe 2:** | **12** |

| 3 Vergleichen Sie Winterschlaf, Winterruhe und Torpor und erläutern Sie die Auswirkungen des Torpors auf die Aktivität der Tiere während der Trockenzeit! *(Anforderungsbereiche II + III)* | Punkte |
|---|---|
| – Winterruhe, Winterschlaf und auch Torpor sind Strategien zur Reduktion des Energiebedarfs in Zeiten des Nahrungsmangels. | 1 |
| – Während im Winterschlaf und im Torpor die Körpertemperatur deutlich herabgesenkt wird, bleibt diese während der Winterruhe konstant. | 1 |
| – Andere Lebensfunktionen wie die Herzschlagfrequenz werden jedoch bei allen drei Strategien herabgesenkt. | 1 |
| – Während der Winterruhe sind die Tiere zeitweise aktiv und suchen ihre Nahrungsvorräte auf. | 1 |
| – Auch die Torporphasen werden von täglichen Aktivitätsphasen unterbrochen, das heißt im Gegensatz zum Winterschlaf wird nur in den Torporphasen der Engergiebedarf herabgesenkt. In der verbleibenden Zeit können die Tiere Nahrung suchen oder territorial aktiv sein. | 2 |
| – Tiere, die in Torpor verfallen, legen, im Gegensatz zu Winterruhern, keine Nahrungsvorräte an. | 1 |
| **Gesamtpunktzahl Aufgabe 3:** | **7** |
| **Gesamtpunktzahl Material:** | **33** |

| Name: | |
|---|---|
| Klausur Nr.: | Datum: |

# Abiotische Faktoren

## Material: Adéliepinguin und Kaiserpinguin

*A Vorkommen und Brutgebiete*

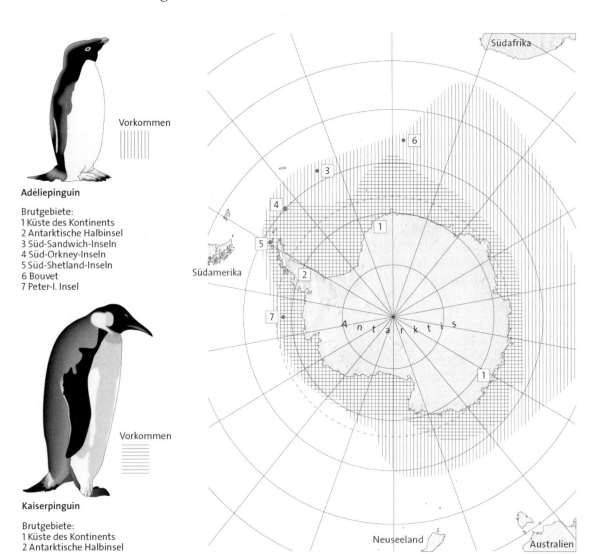

**Adéliepinguin**

Brutgebiete:
1 Küste des Kontinents
2 Antarktische Halbinsel
3 Süd-Sandwich-Inseln
4 Süd-Orkney-Inseln
5 Süd-Shetland-Inseln
6 Bouvet
7 Peter-I. Insel

**Kaiserpinguin**

Brutgebiete:
1 Küste des Kontinents
2 Antarktische Halbinsel

*B Größe, Gewicht und Nahrung*

| | Adéliepinguin | Kaiserpinguin |
|---|---|---|
| **Größe** | etwa 70 Zentimeter | etwa 115 Zentimeter |
| **Gewicht** | etwa 4,5 Kilogramm | etwa 30 Kilogramm |
| **Nahrung** | etwa 90 Prozent Krill (antarktische Kleinkrebse) | etwa 95 Prozent Fisch |
| **Tauchtiefe** | bis zu 235 Meter | bis 530 Meter |

| Name: | |
|---|---|
| Klausur Nr.: | Datum: |

*C Brut und Aufzucht*

Adéliepinguine bauen ihre Nester auf eisfreien Geröllfeldern des antarktischen Festlands. In flachen Steinkuhlen legen die Weibchen im Oktober zwei Eier. Beide Eier werden auf den Füßen der erwachsenen Pinguine ausgebrütet. Dabei wechseln sich Männchen und Weibchen ab, sodass beide Tiere ins Meer zur Nahrungssuche gehen können. Nach etwa einem Monat schlüpfen die Küken und die Eltern wechseln sich alle zwei Tage beim Bewachen der Jungen ab. Bereits sechs Wochen später sind die Küken schwimmfähig und können noch vor Einbruch des arktischen Winters im Meer Nahrung suchen und sich so ausreichend Fettreserven anfressen.

Kaiserpinguine brüten von Mai bis Juni, das heißt im antarktischen Winter, auf dem Packeis in Festlandnähe. Paarung und Eiablage erfolgen zu Beginn des Winters. Anschließend kehren die Weibchen zur Nahrungsaufnahme ins Meer zurück. Die Männchen verbleiben in der Kolonie und sind dort ohne Nahrungsaufnahme dem extremen Polarwinter im Dauerdunkel ausgesetzt. Kaiserpinguine bauen keine Nester. Stattdessen liegt das Ei auf den Füßen des Männchens, bedeckt von einer Bauchfalte. So bleibt der brütende Pinguin mobil und kann zum Beispiel vom eisigen Rand der Gruppe in die wärmere Mitte wechseln. Kurz nach dem Schlüpfen werden die Jungvögel von den Männchen mit einem fett- und proteinhaltigen Sekret gefüttert. Nachdem die Weibchen zur Kolonie zurückgekehrt sind, übernehmen sie die Fütterung und Bewachung der Jungen, während die Männchen ins Meer zum Fischen zurückkehren. Die Küken der Kaiserpinguine sind erst nach fünf Monaten schwimmfähig, sodass sie die Kolonie zur Nahrungssuche im Meer verlassen können.

**Aufgaben**

1. Nennen Sie die Klimaregeln nach BERGMANN und ALLEN und erläutern sie deren physiologischen Hintergründe an einem selbstgewählten Beispiel! (9 Punkte)

2. Werten Sie die Daten in Material A aus und setzen Sie diese in Beziehung zu den Klimaregeln! Leiten Sie aus dem vorliegenden Material Hypothesen zur Begründung des Vorkommens beider Pinguinarten im gleichen Verbreitungsgebiet ab! (10 Punkte)

3. Nehmen Sie auf der Basis ihrer Arbeitsergebnisse kritisch Stellung zur Aussagekraft der Klimaregeln! (8 Punkte)

# Lösungen

## Abiotische Umweltfaktoren

### Material: Adéliepinguin und Kaiserpinguin

| 1 Nennen Sie die Klimaregeln nach BERGMANN und ALLEN und erläutern sie deren physiologischen Hintergründe an einem selbstgewählten Beispiel! *(Anforderungsbereich I)* | Punkte |
|---|---|
| – BERGMANNsche Regel: Homoiotherme Tiere, die in warmen Gebieten leben, sind in der Regel kleiner als nah verwandte Arten aus kälteren Gebieten.<br>– Die kleineren Galapagospinguine leben in der Nähe des Äquators und damit in wärmen Gebieten als beispielsweise die größeren Königspinguine, die in der kühlgemäßigten bis polaren Zone leben.<br>– Der Körper der größeren Königspinguine weist im Vergleich zu dem der Galapagospinguine eine kleinere relative Oberfläche auf, das heißt das Verhältnis zwischen Körperoberfläche und –volumen ist geringer als bei den kleineren Galapagospinguinen.<br>– Tiere geben über ihre Körperoberfläche Wärme an die Umgebung ab. Mit einer verringerten relativen Körperoberfläche nimmt also auch der Wärmeverlust ab. Die Körpergröße der Königspinguine ist also eine Angepasstheit an die niedrigen Umgebungstemperaturen in ihrem Verbreitungsgebiet.<br>– ALLENsche Regel: Bei homoiothermen Tieren ist die relative Länge der Körperanhänge in kalten Gebieten geringer als bei verwandten Arten in wärmeren Gebieten.<br>– Schneeschuhhasen leben unter anderem in Alaska und Nordkanada. Eselhasen leben in Gebieten mit hohen Außentemperaturen wie zum Beispiel in den Wüsten Mexikos.<br>– Im Vergleich zum Eselhasen haben Schneeschuhhasen deutlich kleinere Ohren und Extremitäten.<br>– Körperanhänge tragen ebenfalls zu einer Vergrößerung der Körperoberfläche bei. Die kleinen Ohren und Extremitäten des Schneeschuhhasen reduzieren den Wärmeverlust und stellen somit eine Angepasstheit der Tiere an die Umgebungstemperaturen in ihrem Verbreitungsgebiet dar.<br>– Die deutlich längeren Ohren und Extremitäten der Eselhasen ermöglichen auf der anderen Seite die Abgabe überschüssiger Wärme. Sie stellen also eine morphologische Angepasstheit an die hohen Umgebungstemperaturen im Verbreitungsgebiet. | jeweils 1 Punkt |
| **Gesamtpunktzahl Aufgabe 1:** | **9** |

# Lösungen

| 2 Werten Sie die Daten in Material A aus und setzen Sie diese in Beziehung zu den Klimaregeln! Leiten Sie aus dem vorliegenden Material Hypothesen zur Begründung des Vorkommens beider Pinguinarten im gleichen Verbreitungsgebiet ab! *(Anforderungsbereich II)* | Punkte |
|---|---|
| – Adéliepinguin und Kaiserpinguin kommen im Küstenbereich der Antarktis und den umliegenden Inseln vor. Beide Arten brüten an der Küste der Antarktis sowie auf der antarktischen Halbinsel. Darüber hinaus hat der Adéliepinguin weitere Brutgebiete, zum Beispiel auf South Sandwich oder South Orkneys. | 1 |
| – Adéliepinguine sind mit etwa 70 Zentimeter Körpergröße und einem Körpergewicht von 4 bis 5 Kilogramm deutlich kleiner und leichter als Kaiserpinguine, die eine Körpergröße von 100 bis 130 Zentimetern und ein Gewicht von 22 bis 37 Kilogramm erreichen. | 1 |
| – Das Beispiel Adéliepinguin und Kaiserpinguin entspricht nicht der BERGMANNschen Regel: Obwohl beide Arten im gleichen Verbreitungsgebiet mit den gleichen niedrigen Außentemperaturen vorkommen, unterscheiden sie sich bezüglich ihrer Körpergröße und ihres Körpergewichtes deutlich. | 1 |
| – Aufgrund der geringeren Körpergröße verliert der Adéliepinguin mehr Wärme über seine Körperoberfläche als der Kaiserpinguin. | 1 |
| – Diese Wärmeverluste kompensiert der Adéliepinguin vermutlich über die Aufnahme großer Mengen von Krill, einer sehr proteinreichen Nahrung. Bei der Verdauung dieser Nahrung werden große Mengen Wärmeenergie frei, die zur Aufrechterhaltung der Körpertemperatur beitragen. Weiterhin ist zu vermuten, dass sich die Tiere mehr bewegen als die größeren Kaiserpinguine. Diese hohe Aktivität führt zu einer gesteigerten Nahrungsaufnahme und schließlich auch zu einer gesteigerten Wärmeproduktion im Verlauf der Verstoffwechselung. | 2 |
| – Die Unterschiede in der Körpergröße lassen sich auch auf die Art des Nahrungserwerbs beziehen. So begünstigt die Körpergröße des Kaiserpinguins das Tauchen in größeren Tiefen. | 1 |
| – Die beiden unterschiedlich großen Arten können im gleichen Verbreitungsgebiet leben, da sie Unterschiede in der Brutbiologie aufweisen. Brut und Jungenaufzucht der Adéliepinguine findet im arktischen Sommer statt. Kaiserpinguine brüten hingegen bis in den arktischen Winter hinein. Ihre Küken werden zudem erst im arktischen Sommer flügge. Kaiserpinguine verlieren über ihre Körperoberfläche weniger Wärme als Adéliepinguine. Dies erweist sich vor allem in den kalten Wintern auf dem Packeis als Vorteil, wenn die Männchen und später auch die Jungvögel in den Brutkolonien wochenlang ohne Nahrung verweilen, bis die Weibchen zurückkehren. | 3 |
| **Gesamtpunktzahl Aufgabe 2:** | **10** |

| 3 Nehmen Sie auf der Basis ihrer Arbeitsergebnisse kritisch Stellung zur Aussagekraft der Klimaregeln! *(Anforderungsbereich III)* | Punkte |
|---|---|
| – Das Beispiel von Adéliepinguin und Kaiserpinguin zeigt, dass sich Unterschiede in der Körpergröße verwandter Arten nicht einfach nur durch die jeweiligen Umgebungstemperaturen im Verbreitungsgebiet erklären lassen. | jeweils 2 Punkte |
| – Neben dem abiotischen Faktor Temperatur gibt es auch andere Faktoren wie Nahrungserwerb oder Brutverhalten, die die unterschiedlichen Körpergrößen von verwandten Arten im gleichen Verbreitungsgebiet beeinflussen. | |
| – Klimaregeln stellen Verallgemeinerungen dar, die aus Einzelbeispielen abgeleitet wurden. Sie können daher auch Ausnahmen haben. Ihre Erklärung und damit auch die Erklärung morphologischer Unterschiede bei verwandten Arten erfolgt im gegebenen Fall mithilfe eines einzelnen ökologischen Faktors. | |
| – Dies berücksichtigt nicht, dass auch andere Faktoren wirksam sein können. Daher sind Klimaregeln Hypothesen, die zur Analyse ökologischer Zusammenhänge herangezogen werden können. | |
| **Gesamtpunktzahl Aufgabe 3:** | **8** |
| **Gesamtpunktzahl Material:** | **27** |

Name:

Klausur Nr.:   Datum:

## Abiotische Umweltfaktoren

**Material: Transpiration**

*A Blattquerschnitte*

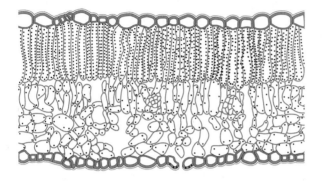

Querschnitt durch ein Fliederblatt

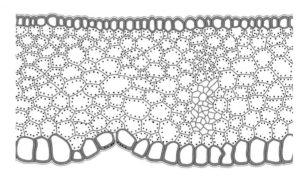

Querschnitt durch ein Blatt von *Ruellia spec.*

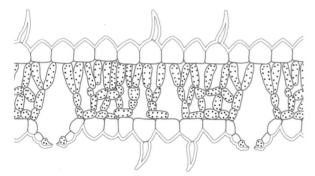

Querschnitt durch ein Rhododendronblatt

*B Versuche zur Transpiration*

In einem Versuch wurde die Transpiration bei Pflanzen untersucht. Versuchsobjekte waren Fliederzeige. Nach jeweils drei Tagen wurde der Wasserstand gemessen. Nach gleichem Muster wurden durch Änderung der Versuchsbedingungen noch drei weitere Versuche durchgeführt:

a) in 50 Zentimeter Abstand wurde ein Ventilator installiert,
b) die Blätter des ersten Fliederzweiges wurden zunächst an der Oberseite und dann an der Ober- und Unterseite mit Vaseline eingeschmiert und
c) anstelle der Fliederzweige wurden Zweige von *Ruellia spec.* und Rhododendron eingesetzt.

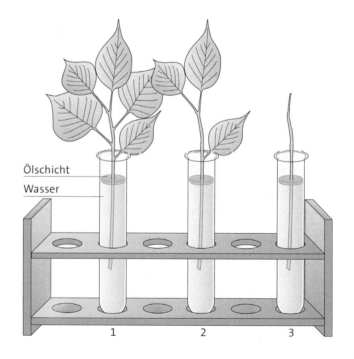

| Name: | |
|---|---|
| Klausur Nr.: | Datum: |

**Aufgaben**

1 Vergleichen Sie die Blattquerschnitte der drei verschiedenen Pflanzenarten und leiten Sie daraus Hypothesen zur Verfügbarkeit von Wasser an ihrem jeweiligen Standort ab! (12 Punkte)

2 Beschreiben Sie den schematisch dargestellten Versuch! Geben Sie das zu erwartende Versuchsergebnis begründet an und erläutern Sie in diesem Zusammenhang den Vorgang und die Funktion der Transpiration! (8 Punkte)

3 Formulieren Sie zu den Versuchen geeignete Fragestellungen und erklären Sie die jeweils zu erwartenden Versuchsbeobachtungen! (14 Punkte)

## Abiotische Umweltfaktoren

### Material: Transpiration

| 1 Vergleichen Sie die Blattquerschnitte der drei verschiedenen Pflanzenarten und leiten Sie daraus Hypothesen zur Verfügbarkeit von Wasser an ihrem jeweiligen Standort ab! *(Anforderungsbereiche I + II)* | Punkte |
|---|---|
| – Das Fliederblatt besteht aus einer oberen und einer unteren Epidermis mit einer dünnen Kutikula, einem zweischichtigen Palisadengewebe und einem Schwammgewebe mit Interzellularen. Die Stomata in der unteren Epidermis liegen auf der gleichen Höhe wie die Epidermiszellen.<br>– Das Blatt von *Ruellia spec.* ist im Vergleich zum Fliederblatt sehr dünn. Die Epidermis trägt Haarzellen. Die Zellen der Epidermis sind jeweils vorgewölbt. Eine Kutikula ist nicht zu erkennen. Zwischen den relativ kurzen Zellen im einschichtigen Palisadengewebe gibt es Zwischenräume und zwischen den relativ kleinen Zellen des Schwammgewebes befinden sich größere Interzellularen. Die Stomata in der unteren Epidermis sind nach außen vorgewölbt.<br>– Die Zellen des Rhododendronblattes liegen dicht aneinander. Die obere Epidermis besteht aus kleinen, die untere Epidermis aus größeren Zellen mit einer dicken Kutikula. Ein Palisadengewebe fehlt. Das Schwammgewebe hat rundliche Zellen mit deutlich sichtbaren Zellwänden. Interzellularen fehlen weitgehend. Die Spaltöffnung in der unteren Epidermis ist klein und ein wenig eingesenkt.<br>– Der Aufbau des Fliederblattes entspricht im Wesentlichen dem des Buchenblattes. Der Verdunstungsschutz ist nicht übermäßig ausgeprägt. Dies entspricht einem Mesophyten. Daher ist anzunehmen, dass Flieder an einem mittelfeuchten nicht allzu trockenen Standort, zum Beispiel in den gemäßigten Breiten, vorkommt.<br>– *Ruellia spec.* besitzt ein dünnes Blatt ohne jeglichen Verdunstungsschutz. Stattdessen ist die Oberfläche durch die Form der Epidermiszellen vergrößert. Die Stomata sind vorgewölbt. Dies ist typisch für einen Hygrophyten und lässt vermuten, dass *Ruellia spec.* an einem sehr feuchten Standort lebt, zum Beispiel auf feuchtem Waldboden, in Sümpfen oder im tropischen Regenwald.<br>– Die Blätter des Rhododendrons zeigen eine Reihe von Merkmalen, die einen Wasserverlust durch Transpiration verhindern: dicke Kutikula, dichtgepackte Zellen, kleine, (leicht) eingesenkte Stomata. Diese Merkmalskombination deutet auf einen Xerophyten hin. Man kann also annehmen, dass der Rhododendron an einem eher trockenen Standort vorkommt. | jeweils 2 Punkte |
| **Gesamtpunktzahl Aufgabe 1:** | **12** |

| 2 Beschreiben Sie den schematisch dargestellten Versuch! Geben Sie das zu erwartende Ergebnis begründet an und erläutern Sie in diesem Zusammenhang den Vorgang und die Funktion der Transpiration! *(Anforderungsbereiche I + II)* | Punkte |
|---|---|
| – Drei große Reagenzgläser werden mit der gleichen Menge Wasser gefüllt. In das erste wird ein Fliederzweig mit fünf Blättern gestellt, in das zweite ein Zweig mit drei Blättern und in das dritte ein Zweig ohne Blätter. Die Wasseroberfläche wird mit einer dünnen Ölschicht bedeckt. Nach drei Tagen wird jeweils der Wasserstand gemessen. | 2 |
| – Unter Transpiration versteht man die Wasserdampfabgabe von Pflanzen. Diese erfolgt vor allem über die Blätter. | 1 |
| – Da die Transpiration von der Größe der Oberfläche der transpirierfähigen Fläche abhängt, ist sie umso größer, je mehr Blätter vorhanden sind. Beim Zweig ohne Blätter findet daher fast gar keine Transpiration statt, während die Transpiration bei dem Zweig mit fünf Blättern am größten ist. | 2 |
| – Daher ist zu erwarten, dass der Wasserstand nach Versuchsende im ersten Reagenzglas am niedrigsten ist und im dritten Reagenzglas fast gleich geblieben ist. Im zweiten Reagenzglas liegt er zwischen den beiden anderen Wasserständen. | 1 |
| – Die Transpiration von Wasser über die Blattoberfläche ist die treibende Kraft für den Wasser- und Mineralstofftransport von den Wurzeln bis in die Blätter der Pflanzen entgegen der Schwerkraft. Außerdem dient sie der Kühlung. | 2 |
| **Gesamtpunktzahl Aufgabe 2:** | **8** |

# Lösungen

| 3 Formulieren Sie zu den Versuchen geeignete Fragestellungen und erklären Sie die jeweils zu erwartenden Versuchsbeobachtungen! *(Anforderungsbereiche II + III)* | Punkte |
|---|---|
| – Der erste Versuch dient als Kontrollversuch. Aus dem Vergleich zu diesem ergeben sich die entsprechenden Fragestellungen. | 1 |
| a) <br> – Mögliche Fragestellung: Welchen Einfluss hat eine Luftbewegung vor den Blättern auf die Transpiration? | 1 |
| – Erwartete Versuchsbeobachtung: Der Einsatz des Ventilators führt zu einer Verdrängung der Luft vor den Blättern. Die blattnahen Luftschichten weisen einen erhöhten Wasserdampfgehalt insbesondere vor den Stomata auf. Diese wasserdampfreiche Luft wird durch trockenere Luft ersetzt, sodass der Wasserdampfgradient zwischen Blattinnen- und -außenseite vergrößert wird. Damit nimmt die Transpiration zu. Entsprechend der Blattanzahl sinkt der Wasserspiegel in den Reagenzgläsern unterschiedlich ab, genau wie im Kontrollversuch. | 3 |
| b) <br> – Mögliche Fragestellung: In welchem Verhältnis stehen die Transpiration durch die Kutikula und die Transpiration durch die Stomata zueinander? | 1 |
| – Erwartete Versuchsbeobachtung: Durch Einschmieren der Blattoberfläche, wo sich keine Stomata befinden, wird lediglich der größte Teil der Transpiration durch die Kutikula verhindert. Da diese jedoch nur sehr gering ist, wird sich das Versuchsergebnis nur unwesentlich vom Ergebnis des Kontrollversuches unterscheiden. Es wird eine nur geringfügig kleinere Transpiration und damit ein fast unmerklich höherer Wasserstand zu registrieren sein. | 2 |
| – Durch Einschmieren beider Blattseiten wird die Transpiration durch Kutikula und Stomata verhindert, was dazu führt, dass sich die Wasserstände annähernd unverändert bleiben. | 1 |
| – Aus dem Vergleich der beiden Beobachtungen lassen sich Aussagen über den Anteil der Transpiration durch Stomata und Kutikula ableiten. | 1 |
| c) <br> – Mögliche Fragestellung: Wie groß ist die Transpiration an Blättern unterschiedlicher Gestalttypen? | 1 |
| – Erwartete Versuchsbeobachtung: Bei Einsatz von Hygrophytenzweigen von *Ruellia spec.* wird die Transpiration sehr hoch sein und die Wasserstände entsprechend der Blätteranzahl entsprechend sinken. Im Vergleich zum Kontrollversuch ist ein jeweils stärkeres Absinken der Wasserstände zu beobachten. | 2 |
| – Werden hingegen Xerophytenzweige von Rhododendron verwendet, ist die Transpiration deutlich niedriger und die Wasserstände bleiben vergleichsweise hoch. | 1 |
| **Gesamtpunktzahl Aufgabe 3:** | **14** |
| **Gesamtpunktzahl Material:** | **34** |

| Name: | |
|---|---|
| Klausur Nr.: | Datum: |

## Abiotische Umweltfaktoren

### Material: Halophyten

*A Experiment zur Veränderung der Natrium-Ionen-Konzentration im Zellsaft von drei Unterarten der Gattung Festuca rubra*

Die Gattung *Festuca* ist eine der arten- und formenreichsten Pflanzengattung der Familie der Süßgräser und weltweit verbreitet.
In einem Experiment wurden die drei Unterarten *Festuca r. rubra*, *Festuca r. arenaria* und *Festuca r. litoralis* auf Wuchsmedien mit unterschiedlicher Natrium-Ionen-Konzentration gezüchtet und die Veränderung der Natrium-Ionen-Konzentration im Zellsaft in Abhängigkeit von der Natrium-Ionen-Konzentration im Wuchsmedium gemessen. Die Ergebnisse dieses Experimentes zeigt das Diagramm.

*Festuca r. rubra*

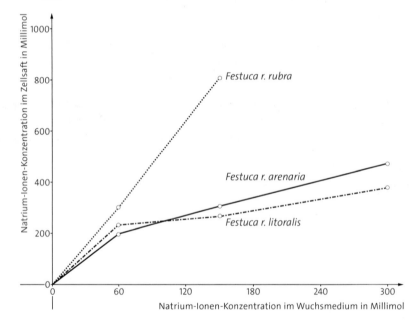

### Aufgaben

1. Erläutern Sie das stoffwechselphysiologische Problem der Halophyten hinsichtlich des Salzgehaltes ihres Standortes und Möglichkeiten der Osmoregulation! (10 Punkte)

2. Werten Sie die Messdaten aus dem Experiment aus und leiten Sie Hypothesen ab, inwieweit die verschiedenen Unterarten osmoregulatorische Fähigkeiten besitzen! (10 Punkte)

3. Leiten Sie Hypothesen hinsichtlich des natürlichen Vorkommens der drei Unterarten ab! Erklären Sie weiterhin, weshalb der Biomassezuwachs aller drei Unterarten auf nicht salzhaltigen Böden am höchsten ist, unter natürlichen Bedingungen hier jedoch nur die Unterart *Festuca r. rubra* zu finden ist! (12 Punkte)

# Lösungen

## Abiotische Umweltfaktoren

### Material: Halophyten

| 1 Erläutern Sie das stoffwechselphysiologische Problem der Halophyten hinsichtlich des Salzgehaltes ihres Standortes und Möglichkeiten der Osmoregulation! *(Anforderungsbereich I)* | Punkte |
|---|---|
| – Die Standorte der Halophyten sind gekennzeichnet durch hohe Salzkonzentrationen im Bodenwasser.<br>– Pflanzen können allerdings nur dann Wasser aus dem Boden über ihre Wurzeln aufnehmen, wenn die Konzentration der Wassermoleküle in ihren Zellen geringer ist als in den angrenzenden Bodenschichten. Aufgrund dieses Konzentrationsgefälles diffundiert Wasser aus den angrenzenden Bodenschichten über die Zellwände oder das Zellplasma bis hin zur Endodermis in die Wurzelzellen.<br>– Bei hohen Salzkonzentrationen im Bodenwasser wird den Zellen osmotisch Wasser entzogen und die Pflanzen würden „vertrocknen". Auf Salzböden ist daher die Wasseraufnahme über die Wurzeln schwierig.<br>– Daher müsste der osmotische Wert des Zellsaftes bei Halophyten durch Anreicherung von Ionen über den Wert des Bodenwassers gehoben werden, sodass Wasser in die Zellen hineindiffundiert.<br>– Über das Bodenwasser gelangen zudem erhebliche Mengen an Ionen, vor allem Chlorid-Ionen, in den Transpirationsstrom. Diese Konzentrationen können Schädigungen im Stoffwechsel herbeiführen.<br>– Damit Halophyten sowohl derartige Vergiftungen verhindern als auch fortlaufend über das Bodenwasser weitere Ionen aufnehmen können, müssen die Pflanzen einen Mechanismus zur Ausscheidung überschüssiger Ionen entwickelt haben.<br>– Manche Halophyten, wie zum Beispiel die Strandnelke, sind in der Lage, überschüssige Chlorid-Ionen in bläschenförmige Salzhaare zu transportieren und dort zu speichern.<br>– Der Ionentransport erfolgt dabei über den Zwischenzellraum in die Epidermiszellen und über die Stielzellen schließlich in die eigentlichen Bläschenzellen.<br>– Er ist ein energieabhängiger Transport, der durch Fotosynthesevorgänge gesteigert werden kann.<br>– Die Bläschenzellen sterben nach „Beladung" rasch ab. Somit werden überschüssige Ionen ausgeschieden und der Organismus wird nicht geschädigt. | jeweils 1 Punkt |
| **Gesamtpunktzahl Aufgabe 1:** | **10** |

# Lösungen

| 2 Werten Sie die Messdaten aus dem Experiment aus und leiten Sie Hypothesen ab, inwieweit die verschiedenen Unterarten osmoregulatorische Fähigkeiten besitzen! *(Anforderungsbereiche I + II)* | Punkte |
|---|---|
| – Im Experiment wurde die Natrium-Ionen-Konzentration im Zellsaft von *Festuca r. rubra*, *Festuca r. arenaria* und *Festuca r. litoralis* bei Anzucht in Wuchsmedien mit unterschiedlicher Natrium-Ionen-Konzentration untersucht. | 1 |
| – Gemessen wurde dazu die Veränderung der Natrium-Ionen-Konzentration im Zellsaft in Abhängigkeit von der Natrium-Ionen-Konzentration im Wuchsmedium. | 1 |
| – Die Natrium-Ionen-Konzentration im Zellsaft der Unterart *Festuca r. rubra* nimmt mit steigender Natrium-Ionen-Konzentration im Wuchsmedium stark zu. | 1 |
| – Bei einer Natrium-Ionen-Konzentration von 150 Millimol pro Liter im Wuchsmedium beträgt die Natrium-Ionen-Konzentration im Zellsaft etwa 800 Millimol pro Liter und ist damit etwa fünf Mal höher. | 1 |
| – Die Natrium-Ionen-Konzentration im Zellsaft der Unterart *Festuca r. litoralis* steigt bis zu einer Natrium-Ionen-Konzentration von 60 Millimol pro Liter im Wuchsmedium ebenfalls stark an. Die Natrium-Ionen-Konzentration im Zellsaft beträgt hier etwa das Dreifache, das heißt circa 200 Millimol pro Liter. | 1 |
| – Bei höheren Natrium-Ionen-Konzentrationen im Wuchsmedium steigt der Salzgehalt im Zellsaft jedoch deutlich langsamer. Bei einer Natrium-Ionen-Konzentration von 300 Millimol pro Liter beträgt die Natrium-Ionen-Konzentration im Zellsaft circa 350 Millimol pro Liter. | 1 |
| – Bei der Unterart *Festuca r. arenaria* misst man im Verlauf des Experimentes ähnliche Werte. Jedoch liegen diese bei höherer Natrium-Ionen-Konzentration im Wuchsmedium deutlich über den Werten von *Festuca r. litoralis*. | 1 |
| – So beträgt die Natrium-Ionen-Konzentration im Zellsaft bei *Festuca r. arenaria* circa 450 Millimol pro Liter bei einer Natrium-Ionen-Konzentration von 300 Millimol pro Liter im Wuchsmedium. | 1 |
| – Aus den Ergebnissen lässt sich ableiten, dass *Festuca r. rubra* keine Möglichkeiten zur Osmoregulation besitzt, da hier die Natrium-Ionen-Konzentration im Zellsaft mit steigender Natrium-Ionen-Konzentration im Wuchsmedium ebenfalls zunimmt. | 2 |
| – *Festuca r. litoralis* und *Festuca r. arenaria* sind jedoch zur Osmoregulation fähig. Dies zeigt sich darin, dass bei ihnen im Experiment die Natrium-Ionen-Konzentration im Zellsaft geringer ist als die im Wuchsmedium. | 2 |
| – Die Ergebnisse lassen jedoch auch erkennen, dass die Fähigkeit zur Osmoregulation bei *Festuca r. litoralis* besser ausgeprägt ist als bei *Festuca r. arenaria*. Dies zeigt sich darin, dass bei *Festuca r. arenaria* im Experiment mit steigender Natrium-Ionen-Konzentration im Wuchsmedium höhere Werte im Zellsaft gemessen wurden als bei *Festuca r. litoralis* | 2 |
| **Gesamtpunktzahl Aufgabe 2:** | **14** |

# Lösungen

| 3 Leiten Sie Hypothesen hinsichtlich des natürlichen Vorkommens der drei Unterarten ab! Erklären Sie weiterhin, weshalb der Biomassezuwachs aller drei Unterarten auf nicht salzhaltigen Böden am höchsten ist, unter natürlichen Bedingungen hier jedoch nur die Unterart *Festuca r. rubra* zu finden ist! *(Anforderungsbereich III)* | Punkte |
|---|---|
| – *Festuca r. rubra* verfügt nicht über die Möglichkeit der Osmoregulation. Sie wird daher nur auf nicht salzhaltigen Böden vorkommen.<br>– *Festuca r. litoralis* kommt auch auf salzhaltigen Böden vor, da sie die Fähigkeit zur Osmoregulation besitzt.<br>– Die Osmoregualtion bei *Festuca r. arenaria* ist nicht so effektiv wie bei *Festuca r. litoralis*. Sie wird daher auf weniger salzhaltigen Böden vorkommen als *Festuca r. litoralis*. Vermutlich besiedelt sie auch Böden, die nur zeitweilig von Meerwasser überschwemmt sind und dann salzhaltiger sind.<br>– Osmoregulatorische Vorgänge sind energieabhängige Prozesse. So benötigt die Aufrechterhaltung des Konzentrationsgradienten in den Zellen Energie, die den Pflanzen dann nicht mehr für die Produktion von Biomasse zur Verfügung steht.<br>– Bei gleicher Ionenkonzentration im Boden ist die Natrium-Ionen-Konzentration im Zellsaft der Unterarten *Festuca r. arenaria* und *Festuca r. litoralis* als Folge der Osmoregulation stets niedriger als die von *Festuca r. rubra*.<br>– *Festuca r. rubra* ist daher auf nicht salzhaltigen Böden konkurrenzstärker, da sie eine höhere Biomassenproduktion und damit einen höheren Zuwachs als die beiden anderen Unterarten hat. | jeweils 2 Punkte |
| **Gesamtpunktzahl Aufgabe 3:** | **12** |
| **Gesamtpunktzahl Material:** | **36** |

## Abiotische Umweltfaktoren

**Material: Verbreitung von zwei Laufkäferarten und ihre Reaktion auf Umweltfaktoren**

*A Verteilung von zwei Laufkäferarten in einer Hecke und den angrenzenden Ackerbereichen.*

In einem Freilandversuch wurden Laufkäfer mit Bodenfallen gefangen. Anschließend wurde ausgezählt, wie viele Tiere der Arten Gemeiner Grabkäfer, wissenschaftlich *Pterostichus vulgaris*, und Schluchtwald-Grabkäfer, wissenschaftlich *Pterostichus cristatus*, in den Fallen waren. Die Fallen wurden am Vortag eingegraben und die Fangergebnisse am folgenden Morgen ausgewertet. Die Zählergebnisse sind als Säulen an den Fangstellen eingetragen.

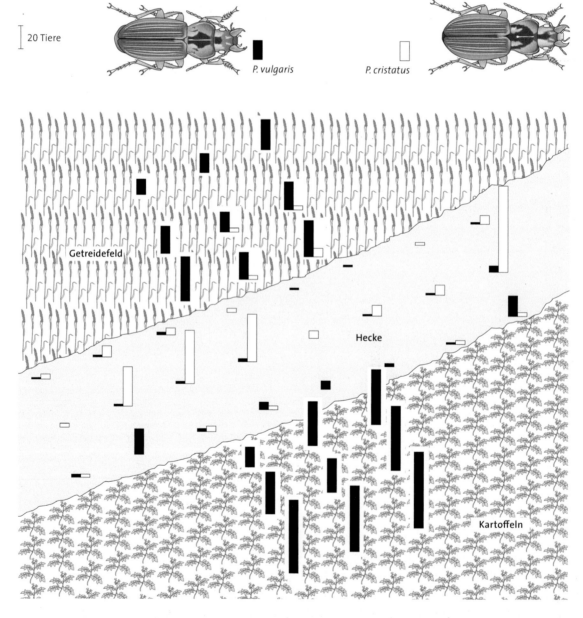

01 Häufigkeit von zwei Laufkäferarten in einer Feldhecke und angrenzenden Feldern

| Name: | |
|---|---|
| Klausur Nr.: | Datum: |

*B Laboruntersuchungen zur Temperatur- und Feuchtigkeitspräferenz zweier Laufkäferarten*

| Temperaturbereiche in °C | 0-5 | 6-10 | 11-15 | 16-20 | 21-25 | 26-30 | 31-35 | 36-40 | Summe |
|---|---|---|---|---|---|---|---|---|---|
| *P. vulgaris* | 1 | 3 | 8 | 19,5 | 51 | 16 | 1,5 | – | 100 |
| *P. cristatus* | 3 | 2,5 | 6 | 42,5 | 31,5 | 14,5 | – | – | 100 |

02 Temperaturpräferenz der Laufkäferarten *P. vulgaris* und *P. cristatus*

| Bereiche mit bestimmter Feuchte in % relativer Luftfeuchtigkeit | 100 | 90 | 75 | 55 | 40 | Summe |
|---|---|---|---|---|---|---|
| *P. vulgaris* | 48,2 | 19,6 | 10,3 | 10,3 | 11,6 | 100 |
| *P. cristatus* | 57 | 23,2 | 9,6 | 6,7 | 3,5 | 100 |

03 Feuchtigkeitspräferenz der Laufkäferarten *P. vulgaris* und *P. cristatus*
Alle Angaben in Prozent

*C Windwirkung an einer Feldhecke*

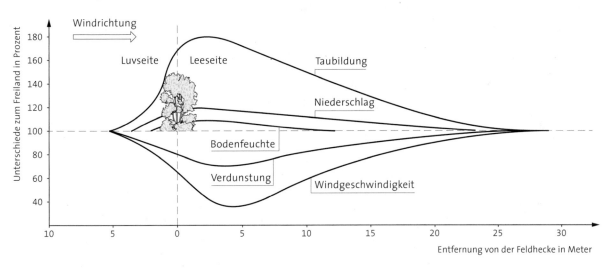

04 Veränderungen abiotischer Faktoren in der Nähe einer Feldhecke in idealisierter Darstellung

## Aufgaben

1. Werten Sie Material A aus, indem Sie die dargestellten Untersuchungsergebnisse beschreiben und die Untersuchungsmethode erläutern! (8 Punkte)
2. Stellen Sie die Messergebnisse aus Material B grafisch dar und beschreiben Sie die Ergebnisse für die beiden Laufkäferarten auch im Vergleich! (10 Punkte)
3. Leiten Sie Hypothesen zur Begründung der Verteilung der beiden Laufkäferarten in der untersuchten Landschaft ab! Erläutern Sie dabei, wie weit die Datenlage ausreicht, die Verteilung der Arten zu erklären! (10 Punkte)

# Lösungen

## Abiotische Umweltfaktoren

### Material: Verbreitung von zwei Laufkäferarten an einer Hecke

| 1 Werten Sie Material A aus, indem Sie die dargestellten Untersuchungsergebnisse beschreiben und die Untersuchungsmethode erläutern! | Punkte |
|---|---|
| – *P. vulgaris* ist außerhalb der Hecke in größerer Individuendichte vertreten als innerhalb. Er hat im Kartoffelfeld höhere Dichten als im Getreidefeld. Den Heckenrand zum Kartoffelfeld hin besiedelt er mit höheren Dichten als zum Getreidefeld hin.<br>– Bei *P. cristatus* verhält es sich genau umgekehrt. Im Kartoffelfeld kommt er gar nicht vor, im Getreidefeld lediglich nahe der Hecke und dort mit sehr geringen Individuendichten. Er ist in der Heckenmitte stärker vertreten als an den Heckenrändern.<br>– Die Käfer wurden in Fallen gefangen, die Fangergebnisse am Morgen ausgewertet. Es werden also ökologische Bedingungen auf die Fangergebnisse einwirken, die nachts vorherrschen. Dies müsste bei der Datenauswertung beachtet werden.<br>– Da Bodenfallen eingesetzt wurden, werden die Käfer hauptsächlich über den Boden laufen und nicht fliegen. Sonst würde das Fangergebnis verfälscht sein. | jeweils 2 Punkte |
| **Gesamtpunktzahl Aufgabe 1:** | **8** |

| 2 Stellen Sie die Messergebnisse aus Material B grafisch dar und beschreiben Sie die Ergebnisse für die beiden Laufkäferarten auch im Vergleich! | Punkte |
|---|---|
| 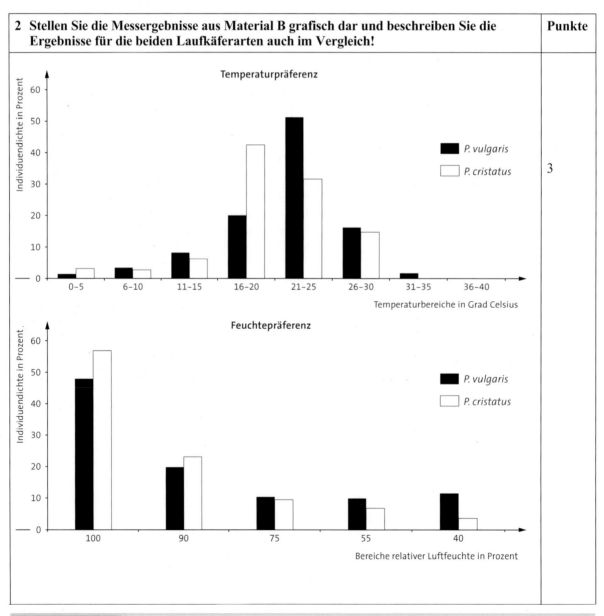 | 3 |

| | |
|---|---|
| – *P. vulgaris* bevorzugt tendenziell höhere Temperaturen als *P. cristatus*. Sein Präferenzbereich überdeckt allerdings den gesamten Präferenzbereich von *P. cristatus* und geht lediglich bei den höchsten Temperaturen leicht über diesen hinaus. | 2 |
| – Das Präferenzoptimum liegt bei *P. cristatus* bei 16 bis 20 Grad Celsius, bei *P. vulgaris* bei 21 bis 26 Grad Celsius. *P. vulgaris* hat also ein höheres Präferenzoptimum als *P. cristatus*. | 2 |
| – Die Präferenzbereiche der relativen Luftfeuchtigkeit sind bei beiden Käfern sehr ähnlich. Tendenziell halten sich mehr Tiere von *P. vulgaris* in trockeneren Bereichen auf als von *P. cristatus*. Beide Käfer haben ihr Präferenzopti-mum bei 100 Prozent relativer Luftfeuchte. | 3 |
| **Gesamtpunktzahl Aufgabe 2:** | **10** |

| **3 Leiten Sie Hypothesen zur Begründung der Verteilung der beiden Laufkäferarten in der untersuchten Landschaft ab! Erläutern Sie dabei, wie weit die Datenlage ausreicht, die Verteilung der Arten zu erklären!** | **Punkte** |
|---|---|
| – Im Bereich der Hecke ist die Taubildung und damit die relative Luftfeuchte, höher als auf den Feldern, die Verdunstung ist geringer. Daher ist zu vermuten, dass sich die Käfer, die eher die Feuchte lieben, in der Hecke oder in ihrer Nähe aufhalten. | 2 |
| – In Wäldern und Hecken werden meistens niedrigere Temperaturen gemessen als in der freien Landschaft. Also werden sich die Käfer, die niedrigere Temperaturen bevorzugen, eher in der Hecke als in ihrer Umgebung aufhalten. | 1 |
| – Wenn in einer Landschaft eine bevorzugte Windrichtung vorherrscht, sind die Feuchteverhältnisse auf beiden Seiten einer Hecke unterschiedlich. Feuchte liebende Tiere haben dann bezogen auf die Windrichtung hinter einer Hecke bessere Bedingungen als vor der Hecke. | 1 |
| – Im Gelände hat man die untersuchten Tiere in Fallen gefangen. Entsprechend der Situation im Labor haben die Tiere freie Bewegungsmöglichkeit. Daher geben die Laborergebnisse einen Hinweis darauf, welcher abiotische Faktor für die Verbreitung der Arten im Gelände ursächlich sein könnte. Im Labor fehlt allerdings die Konkurrenzsituation, die im Gelände möglich ist. Außerdem können weitere abiotische Faktoren gemäß dem Wirkungsgesetz der Umweltfaktoren im Gelände bestimmend sein, die im Labor konstant auf bestimmten Werten gehalten wurden. | 2 |
| – Da *P. cristatus* gegenüber *P. vulgaris* leicht kühlere und feuchtere Bereiche bevorzugt, könnte es sein, dass die beiden Faktoren Temperatur und Feuchtigkeit ausreichen, dass beide Arten in der Landschaft in getrennten Gebieten vorkommen. Wenn im untersuchten Gelände der Wind vom Kartoffelfeld auf die Hecke trifft, wäre auch die ungleichmäßige Verteilung in der Nähe der Hecke zu dieser Hypothese passend. Auch die unterschiedliche Höhe der Pflanzen im Getreidefeld und Kartoffelfeld könnte die entsprechenden Feuchteverhältnisse erzeugen, also eine trockenere Situation am Boden des Kartoffelfelds. | 3 |
| – Da aber die Trennung der Präferenzbereiche im Labor lange nicht so scharf ist wie die Trennung der Aufenthaltsbereiche im Gelände, ist zu vermuten, dass weitere Faktoren diese Verteilung im Gelände beeinflussen. | 1 |
| **Gesamtpunktzahl Aufgabe 3:** | **10** |
| **Gesamtpunktzahl Material:** | **28** |

Name:

Klausur Nr.: | Datum:

# Biotische Umweltfaktoren

## Material: Reaktion auf veränderliche Umweltbedingungen

*A Freilandbeobachtungen zur Zyklomorphose beim Wasserflo Daphnia cucullata*

Der Wasserfloh *Daphnia cucullata* vermehrt sich im Sommer über mehrere Generationen ungeschlechtlich durch Parthenogenese. Alle Tiere eines Sommers bilden daher Klone. Jede neue Generation bildet verschieden große Helme aus. Über das gesamte Jahr gesehen verändert sich die Gestalt der Daphnien zyklisch. Dies bezeichnet man als Zyklomorphose. Häufig sind zeitgleich zur Ausbildung hoher Helme bei den Daphnien ihre Fressfeinde in größeren Anzahlen im Wasser vorhanden, zum Beispiel der Glaskrebs *Leptodora kindtii*. Diese geben Stoffe in das Wasser ab, die man Kairomone nennt. Kairomone haben Einfluss auf die Helmbildung.

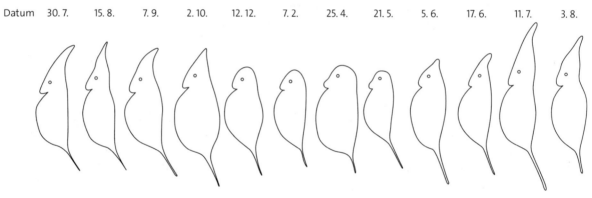

*B Laboruntersuchungen zur Helmbildung bei Daphnia cucullata*

In zwei Laborexperimenten wurde beobachtet, wie der Räuber Leptodora die Helmbildung der Daphnien beeinflusst und wie die Helmbildung Daphnien vor seinem Fraß schützt.
Im ersten Experiment wurde die Helmlänge unter drei Bedingungen gemessen: 1. Der Räuber war anwesend, 2. Nur sein Kairomon wurde hinzugefügt und 3. Ein Kontrollgefäß ohne Fressfeind und ohne Kairomon wurde angesetzt. Bei alleiniger Zugabe des Kairomons wurde eine Menge verwendet, die auch der Räuber bei seiner Anwesenheit in das Wasser abgeben würde.
Zu Beginn des zweiten Experiments waren in jeder Körpergröße gleich viele behelmte und nicht behelmte Individuen vorhanden. Mehrere Individuen des Räubers waren anwesend.

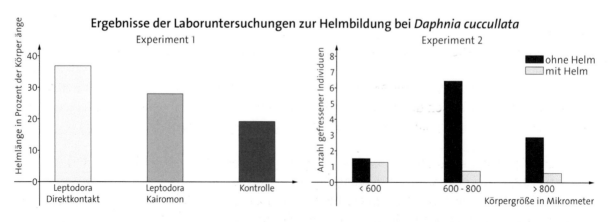

*C Reaktionsmöglichkeiten auf schwankende ökologische Faktoren:*

Die Reaktionen von Arten auf schwankende ökologische Faktoren fallen unterschiedlich aus. Vier Möglichkeiten sind in den unten abgebildeten Diagrammen schematisch dargestellt. Die grauen Flächen stellen die jeweiligen Toleranzbereiche dar. Toleranzoptima sind nicht gekennzeichnet. Durch die schraffierten Bereiche kann man lediglich erkennen, wie sich mit der Zeit die jeweiligen Toleranzminima, das sind die unteren Grenzen der schraffierten Bereiche, und die Toleranzmaxima, also die oberen Grenzen der schraffierten Bereiche, und damit die dazwischen liegenden Toleranzbereiche verändern.

Die Kurvenverläufe zeigen die jahresperiodischen Schwankungen einzelner ökologischer Faktoren, wie zum Beispiel die der Temperatur, oder ganzer Faktorenkomplexe, wie zum Beispiel die des Klimas. Berücksichtigt man geeignete ökologische Faktoren, kann man die folgenden Beispiele den vorgestellten Fällen a bis d zuordnen.

I   Zugvögel ziehen in ein Überwinterungsgebiet.
II  Standvögel bleiben ganzjährig in ihrem Lebensraum.
III Der Wasserfloh *Daphnia cucullata* zeigt eine Zyklomorphose.

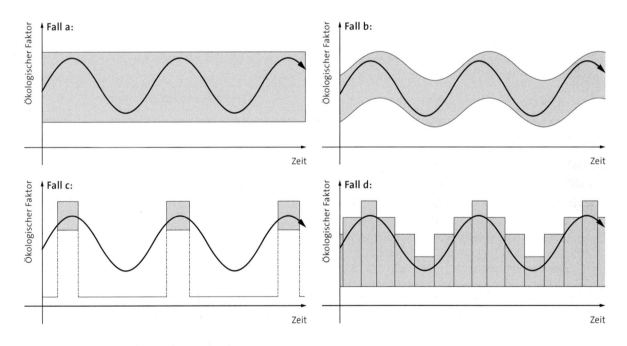

**Aufgaben**

1 Beschreiben Sie die in Material A und B dargestellten Ergebnisse! (11 Punkte)

2 Setzen Sie die Ergebnisse aus Material B zu denen in Material A in Beziehung! Erläutern Sie, mit welchen Zielen die Freilandbeobachtungen sowie die Experimente durchgeführt wurden und inwieweit sie diese Ziele erreichen konnten! (16 Punkte)

3 Begründen Sie, dass die Zyklomorphose bei den Wasserflöhen durch den Fall d in Material C wiedergegeben werden kann! Ordnen Sie die Beispiele I und II begründet einem oder mehreren von den anderen drei Fällen zu und vergleichen Sie die Reaktionen der drei Tiergruppen auf veränderliche Umweltfaktoren! (16 Punkte)

# Lösungen

## Biotische Umweltfaktoren

### Material: Reaktion auf veränderliche Toleranzbereiche

| 1 Beschreiben Sie die in Material A und B dargestellten Ergebnisse! *(Anforderungsbereiche I + II)* | Punkte |
|---|---|
| – Im Material A wird dargestellt, dass Wasserflöhe je nach Jahreszeit unterschiedlich hohe Helme besitzen.<br>– Von Mitte Dezember bis Ende Mai haben die Tiere keine sichtbaren Helme.<br>– Von Anfang Juni bis Mitte Juli vergrößert sich die Helmhöhe bis zur maximalen Größe.<br>– Danach bleibt die Helmhöhe bis Mitte August etwa gleich.<br>– Im September und Oktober verringert sich die Helmhöhe, bis dann Mitte Dezember kein Helm mehr zu sehen ist.<br>– Da die Helmbildung mit dem Erscheinen von Fressfeinden korreliert, sind die Fressfeinde der Wasserflöhe zwischen Ende Mai und Ende Oktober im Gewässer zu erwarten. Ebenfalls in dieser Zeit ist damit zu rechnen, dass entsprechende Kairomone im Gewässer nachzuweisen sind.<br>– Im zugehörigen Laborversuch zeigt sich, dass das Kairomon dazu führt, dass die Wasserflöhe in einer Folgegeneration größere Helme ausbilden.<br>– Allerdings bewirkt der Räuber, der diesen Wirkstoff produziert, durch seine Anwesenheit eine weitere Vergrößerung der Helme.<br>– Im zweiten Versuch wurde gezeigt, dass Wasserflöhe ohne Helm vom Räuber häufiger gefressen wurden.<br>– Offensichtlich bevorzugt der Räuber unter den Wasserflöhen die Größen zwischen 600 und 800 Mikrometern.<br>– Von diesen werden in deutlich größerer Anzahl die Individuen ohne Helm gefressen. Der Helm bietet demnach besonderen Fraßschutz. | jeweils 1 Punkt |
| **Gesamtpunktzahl Aufgabe 1:** | **11** |
| 2 Setzen Sie die Ergebnisse aus Material B zu denen in Material A in Beziehung! Erläutern Sie, mit welchen Zielen die Freilandbeobachtungen sowie die Experimente durchgeführt wurden und inwieweit sie die Ziele erreichen konnten! *(Anforderungsbereiche II + III)* | Punkte |
| – Die Freilandbeobachtungen zeigen einen Zusammenhang zwischen der Helmhöhe und den Jahreszeiten sowie zwischen der Helmhöhe und der Anwesenheit von Fressfeinden und ihren Kairomonen. | 2 |
| – Die Laborversuche zeigen, dass sowohl die Kairomone als auch die Fressfeinde zur Helmbildung bei den Wasserflöhen führen. Der Räuber besitzt wahrscheinlich weitere Merkmale, die die Helmbildung bei den Wasserflöhen beeinflussen. | 3 |
| – Kairomon und bestimmte Merkmale des Räubers sind also Ursachen für die Helmbildung. | 3 |
| – Weiterhin zeigen die Laborversuche, dass die Helme für die Wasserflöhe einen Überlebensvorteil haben, wenn der Räuber vorhanden ist. | 1 |
| – Es ist also zu vermuten, dass die Jahreszeiten keinen direkten Einfluss auf die Helmbildung bei den Wasserflöhen haben, sondern dass die Anwesenheit der Räuber auch im Freiland die Helmbildung hervorruft. | 2 |
| – Außerdem ist zu vermuten, dass Wasserflöhe durch Helmbildung an das Vorkommen von Fressfeinden angepasst sind, weil sie dadurch einen Überlebensvorteil haben. | 1 |
| – Durch die Laboruntersuchungen wird die Hypothese geprüft, dass Fressfeinde und Kairomone ursächlich für die Helmbildung bei den Wasserflöhen sind. Die Hypothese ist bestätigt worden. | 2 |
| – Durch die Experimente ist nicht beweisbar, dass es keine weiteren Ursachen für Helmbildung gibt. | 2 |
| **Gesamtpunktzahl Aufgabe 2:** | **16** |

# Lösungen

| 3 Begründen Sie, dass die Zyklomorphose bei den Wasserflöhen durch den Fall d in Material C wiedergegeben werden kann! Ordnen Sie die Beispiele I und II begründet einem oder mehreren von den anderen drei Fällen zu und vergleichen Sie die Reaktionen der drei Tiergruppen auf veränderliche Umweltfaktoren! *(Anforderungsbereiche II + III)* | Punkte |
|---|---|
| – Zumindest in der Zeit, in der Leptodora im See vorkommt, beschreibt Fall d) die Folge der Generationen richtig, wenn man die Toleranz gegenüber dem Vorhandensein des Fressfeindes als ökologischen Faktor annimmt. | 1 |
| – Denn bei längeren Helmen wird der Fressfeind diese Tiere nur in geringer Anzahl fressen können. Sie können also seine Anwesenheit in größerer Anzahl tolerieren. | 1 |
| – Falls wenige Feinde vorhanden sind, werden entsprechend wenige Tiere gefressen, die Art könnte also das Vorhandensein des Feindes auch ohne Helmausbildung tolerieren. | 1 |
| – Im Beispiel ist nicht untersucht worden, welche Räuberdichte die Wasserflöhe tolerieren. | 1 |
| – Das Toleranzminimum lässt sich erschließen und liegt trivialer Weise bei keinem Räuber. Das Toleranzmaximum ist nicht ermittelt worden. Man könnte aber durch systematische Variation diejenige Räuberdichte bestimmen, ab der kein Wasserfloh mehr überlebt. | 2 |
| – Zugvögel fliegen von uns aus im Winter in wärmere Klimate. Sie vermeiden also hier niedrige Temperaturen. Dabei wird das Überleben als Maß für die Toleranz genommen. | 2 |
| – Es kann aber auch sein, dass sie hier im Winter keine Nahrung finden und deshalb in andere Gegenden fliegen. | 1 |
| – Beide Male entziehen sie sich dem extremen Schwanken des ökologischen Faktors, sodass Fall c) das Zugverhalten richtig beschreibt. | 1 |
| – Ob die Arten allerdings das Schwanken des Faktors nicht aushalten, lässt sich erst im Laborversuch klären. Fall c) ist also hier eine gute Hypothese. | 1 |
| – Standvögel halten die Schwankungen der verschiedenen Faktoren am Ort aus. | 1 |
| – Ob sie aber wie in Fall a) ganzjährig gleiche Toleranzbereiche haben, oder solche, die sich wie in Fall b) jahreszeitlich verschieben, bleibt ohne Experiment unklar. | 1 |
| – Zug- und Standvögel unterscheiden sich von den Wasserflöhen besonders dadurch, dass sie keine neuen Generationen bilden, wenn sie sich an wechselnde Werte ökologischer Faktoren anpassen. Bei ihnen ändern einzelne Individuen ihr Verhalten oder ihre Toleranz. | 3 |
| **Gesamtpunktzahl Aufgabe 3:** | **16** |
| **Gesamtpunktzahl Material:** | **43** |

| Name: | |
|---|---|
| Klausur Nr.: | Datum: |

## Biotische Umweltfaktoren

**Material: Traubenkirschenlaus und Schlupfwespe**

*A Biologie der Traubenkirschenlaus (Rhopalosiphum padi)*

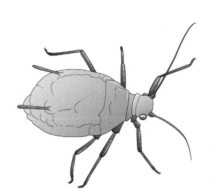

Im Gegensatz zu den meisten Blattlausarten, die nur eine Pflanzenart befallen, ernährt sich die Traubenkirschenlaus *Rhopalosiphum padi* von verschiedenen Pflanzenarten. Im Winter hält sich die Traubenkirschenlaus auf ihrem Hauptwirt, der Traubenkirsche, auf und wechselt im Frühjahr auf den Nebenwirt. Sie lebt dann auf der Blattunterseite von Gräsern, zum Beispiel Hafer. Für den Übergang vom Haupt- zum Nebenwirt entsteht aus den ungeflügelten Blattläusen eine geflügelte Generation, die Emigranten. Diese können auch in Gewächshäuser gelangen und dort verschiedene Kulturpflanzen befallen.

Die Emigranten erzeugen auf ungeschlechtliche Weise, durch Parthenogenese, ungeflügelte Nachkommen, die Kolonien auf dem Hafer bilden. Jede dieser Blattläuse produziert innerhalb von drei Wochen mehr als 40 neue ungeflügelte Nachkommen, die Nymphen. Im Herbst produzieren Nymphen geflügelte Männchen und Weibchen, die befruchtete Eier auf der Traubenkirsche absetzen. Im frühen Frühjahr entwickeln sich aus den Eiern die Stammmütter. Diese bringen parthenogenetisch ungeflügelte Nachkommen hervor, aus denen dann wieder Emigranten entstehen.

Traubenkirschenläuse werden von Singvögeln gefressen, vor allem von Zilpzalp und Mönchsgrasmücke.

Der wirtschaftliche Schaden durch Traubenkirschenläuse ist beträchtlich, weil nicht nur sie selbst den Ertrag mindern, sondern weil sie auch Pilz- und Viruserkrankungen übertragen, die zum Teil einen noch deutlich höheren Schaden verursachen.

*B Biologie der Schlupfwespe (Aphelinus abdominalis)*

Schlupfwespen der Gattung *Aphelinus* sind nur etwa zwei Millimeter groß und unscheinbar dunkel gefärbt. Sie parasitieren auf verschiedenen Blattlausarten. Im Verlauf ihrer Entwicklung legen die Weibchen jeweils ein befruchtetes Ei in den Körper einer Blattlaus. Die infizierte Blattlaus wird mit einem Duftstoff markiert, der eine Doppelbelegung verhindert. Innerhalb weniger Tage entwickelt sich in der Blattlaus die Schlupfwespenlarve. Daraufhin verfärbt sich die Blattlaus schwarz und stirbt. Aus dieser Mumie schlüpft nach etwa zwei Wochen eine neue Schlupfwespe, die sich von Blattlaus-

| Name: | |
|---|---|
| Klausur Nr.: | Datum: |

Hämolymphe ernährt. Innerhalb von drei Wochen kann eine Schlupfwespe mehr als 500 Eier in Blattläuse absetzen.

*Aphelinus abdominalis* ist eine einheimische Art. Aufgrund ihrer großen Lauf- und Suchleistung ist sie in der Lage, einzeln sitzende Blattläuse aufzuspüren. Sie wird zur biologischen Schädlingsbekämpfung gezüchtet. Um einen Blattlausbefall auf einer Monokultur in einem Gewächshaus erfolgreich zu bekämpfen, empfehlen die Anbieter, zwei Schlupfwespen pro Quadratmeter im Abstand von sieben bis 14 Tagen auszubringen.

**Aufgaben**

1 Erstellen Sie eine Skizze des Entwicklungszyklus der Traubenkirschenlaus und erläutern Sie die einzelnen Schritte! Gehen Sie dabei besonders auf die biologische Bedeutung der ungeschlechtlichen Fortpflanzung durch Parthenogenese ein! (12 Punkte)

2 Leiten Sie aus den Angaben im Text ab, weshalb die Schlupfwespe *Aphelinus abdominalis* sich besonders gut für die Bekämpfung von Blattläusen eignet! Erläutern Sie weitere Möglichkeiten der Bekämpfung der Traubenkirschenlaus! (15 Punkte)

3 Bewerten Sie die verschiedenen Schädlingsbekämpfungsmethoden aus ökologischer und ökonomischer Sicht! (15 Punkte)

# Lösungen

## Biotische Faktoren

### Material: Traubenkirschenlaus und Schlupfwespe

| 1  Erstellen Sie eine Skizze des Entwicklungszyklus der Traubenkirschenlaus und erläutern Sie die einzelnen Schritte! Gehen Sie dabei besonders auf die biologische Bedeutung der ungeschlechtlichen Fortpflanzung durch Parthenogenese ein! *(Anforderungsbereiche I + II)* | Punkte |
|---|---|
| <br>**Hauptwirt:** Traubenkirschenlaus — *Parthenogenese* → geflügelte Emigranten — **Nebenwirt:** Gräser, z. B. Hafer — *Parthenogenese*<br>ungeflügelte Nachkommen — ungeflügelte Nachkommen<br>*Parthenogenese* — Stammmütter — FRÜHLING — SOMMER — *Parthenogenese*<br>WINTER — Nymphen — *Parthenogenese*<br>befruchtete Eier — HERBST<br>geflügelte Weibchen — geflügelte Männchen | 4 |
| — Aus der Skizze geht hervor, dass befruchtete Eier auf der Traubenkirsche überwintern und sich daraus im Frühjahr Stammmütter entwickeln. Diese erzeugen auf dem Hauptwirt durch Parthenogenese geflügelte Nachkommen, aus denen geflügelte Emigranten hervorgehen. | 1 |
| — Die geflügelten Emigranten suchen im Frühjahr verschiedene Zwischenwirte auf. Dieser Vorgang dient der Verbreitung der Blattläuse. | 1 |
| — Auf den Zwischenwirten bringen die Emigranten auf ungeschlechtlichem Weg ungeflügelte Nachkommen hervor, die sich im Frühjahr und im Sommer in vielen Zyklen parthenogenetisch vermehren. Diese Generationen ermöglichen eine rasche Vermehrung. | 1 |
| — Zum Herbst hin bilden Nymphen auf den Zwischenwirten geflügelte Männchen und Weibchen, die sich geschlechtlich fortpflanzen und ihre Eier auf der Traubenkirsche ablegen, wo sie überwintern. Die geschlechtliche Fortpflanzung führt zu einer genetischen Variation und damit zu einer Stabilisierung gegenüber Umwelteinflüssen. | 2 |
| — Durch die ungeschlechtliche Fortpflanzung wird Energie gespart, weil eine aufwändige Produktion von Ei- und Spermienzellen nicht stattfinden muss. Außerdem wird die Entwicklungszeit verkürzt, weil unbefruchtete Eier sich sofort ohne vorherige Befruchtung entwickeln können. Dies begünstigt eine schnelle Massenvermehrung. Damit können diese r-Strategen das saisonale Angebot besonders gut nutzen. | 2 |
| — Wesentliche Nachteile wegen einer schlechten Durchmischung des Erbgutes entstehen dadurch nicht, weil es ja im Zyklus eine geschlechtliche Phase gibt. | 1 |
| **Gesamtpunktzahl Aufgabe 1:** | **12** |

| 2  Leiten Sie aus den Angaben im Text ab, weshalb die Schlupfwespe *Aphelinus abdominalis* sich besonders gut für die Bekämpfung von Blattläusen eignet! Erläutern Sie weitere Möglichkeiten der Bekämpfung der Traubenkirschenlaus! *(Anforderungsbereiche I + II)* | Punkte |
|---|---|
| — Die Schlupfwespe *Aphelinus abdominalis* ist ein einheimischer Parasitoid mit einer großen Lauf- und Suchleistung.<br>— Ihre Eier entwickeln sich in Blattläusen und sie selbst ernährt sich ebenfalls von Blattläusen, sodass Blattläuse zweifach und von allen Schlupfwespenstadien gefressen werden.<br>— Die abgesetzte Anzahl an Eiern ist mit 500 für ein solch kleines Insekt recht hoch, sodass viele Blattläuse von dem Parasitoidenbefall betroffen sind.<br>— Auch Schlupfwespen sind r-Strategen und können daher besonders gut zur Bekämpfung von r-Strategen eingesetzt werden.<br>— Die Entwicklungsdauer ist mit 14 Tagen sehr kurz, sodass sich die Schlupfwespe sehr schnell vermehrt.<br>— Da infizierte Blattläuse markiert werden, kommt es zu keiner Doppelbelegung. Dies ist sehr effektiv und verhindert Verluste bei den Nachkommen.<br>— *Aphelinus abdominalis* ist auf Blattläuse spezialisiert. Somit ist ein Befall von anderen, möglicherweise nützlichen Insekten ausgeschlossen. | jeweils 1 Punkt |

# Lösungen

| | |
|---|---|
| – Als einheimische Art schädigt sie nicht die Lebensgemeinschaften, in denen sie ausgesetzt wird, was bei Einführung fremder Arten passieren kann.<br>– Um einen Blattlausbefall in einem Gewächshaus zu bekämpfen, müssen nur wenige Schlupfwespen eingesetzt werden.<br>– Weitere Möglichkeiten zur Bekämpfung der Traubenkirschenlaus sind:<br>  - Einsatz beziehungsweise Einführung anderer Blattlaus fressender Insekten wie Marienkäfer oder Florfliegen.<br>  - Verzicht auf Anpflanzung von Traubenkirschen in Hecken und Gehölzen. Damit stünde der Hauptwirt nicht mehr zur Verfügung.<br>  - Ansiedlung der Fressfeinde Zilpzalp oder Mönchsgrasmücke. Dazu müssten Lebensräume für diese Vogelarten geschaffen werden.<br>  - Bei leichterem Befall ist auch eine mechanische Entfernung denkbar, beispielsweise mithilfe eines Wasserstrahls.<br>  - Bei mittlerem Befall hilft ein Brennnesselsud, den man über die befallenen Stellen sprüht.<br>  - Bei sehr starkem Befall können die befallenen Pflanzen auch mit Insektiziden besprüht oder bestäubt werden. Bei einem großen Feld müsste dies weiträumig erfolgen. | jeweils 1 Punkt |
| **Gesamtpunktzahl Aufgabe 2:** | **15** |
| **3 Bewerten Sie die verschiedenen Schädlingsbekämpfungsmethoden aus ökologischer und ökonomischer Sicht!** *(Anforderungsbereiche II + III)* | **Punkte** |
| – Viele Methoden zur Bekämpfung der Traubenkirschenlaus hängen davon ab, wie viele Pflanzen befallen sind, wie groß die befallene Fläche ist oder ob zum Beispiel ein geschlossenes Gewächshaus betroffen ist. Außerdem sind einige Methoden eher kurzfristiger, andere langfristiger Natur. | 2 |
| – In einem Gewächshaus bietet sich ein Schlupfwespeneinsatz an. Da nur wenige Schlupfwespen infolge ihrer Effektivität eingesetzt werden müssen, ist der Preis für diese Schädlingsbekämpfung eher gering. Diese Maßnahme wäre langfristig, wenn die Nachkommen der Schlupfwespe überwintern würden. | 2 |
| – Ein Marienkäfer- oder Florfliegeneinsatz wäre auch im offenen Gelände möglich. Allerdings müssten viele Nutzinsekten eingesetzt werden, die gezüchtet werden müssten. Der Einsatz müsste möglicherweise jedes Jahr neu erfolgen, was höhere Kosten zur Folge hätte. | 2 |
| – Ein Verzicht auf Anpflanzung von Traubenkirschen in Hecken und Gehölzen wäre als langfristige Perspektive denkbar. Für einen sofortigen Erfolg müssten in Hecken stehende Traubenkirschen gefällt werden, was mit einem hohen Kostenaufwand verbunden wäre, da diese Maßnahme weiträumig erfolgen müsste. | 2 |
| – Die Ansiedlung von Singvögeln, die Traubenkirschenläuse fressen, kann über eine Diversifikation der Landschaften gefördert werden, die geeignete Brut- und Nistplätze bieten können, zum Beispiel in Hecken oder naturbelassenen Flächen. Wenngleich Zilpzalp und Mönchsgrasmücke weit verbreitet sind, ginge mit einer solchen Maßnahme oftmals eine Verkleinerung von Ackerflächen einher, was eine unwirtschaftlichere Bearbeitung zur Folge hätte. Auch dies wäre eine langfristige Perspektive. | 2 |
| – Eine mechanische Bekämpfung ist ebenso wie ein Besprühen mit Brennnesselsud nur auf kleinen Flächen wie Rabatten in Gärten sinnvoll. Das Verfahren ist nicht nachhaltig und muss jedes Jahr wiederholt werden. Die Kosten dafür sind aber sehr gering. | 1 |
| – Ein Insektizideinsatz ist nur bei sehr starkem Befall und auch erst ab einer bestimmten Flächengröße in Erwägung zu ziehen. Dabei müssen auch die Konsequenzen für andere Insekten sowie für den Boden und unter Umständen das Grundwasser bedacht werden. Es dürfen nur leicht abbaubare und für andere Tiere unschädliche Insektizide eingesetzt werden. | 2 |
| – Da sich nach der dritten Regel von LOTKA und VOLTERRA Beutepopulationen schnell wieder erholen, muss ein Insektizid wahrscheinlich mehrfach eingesetzt werden. Daher sind die Kosten relativ hoch. Außerdem müsste diese chemische Insektenbekämpfung auch in den Folgejahren durchgeführt werden. Gegebenenfalls sind Folgekosten für Umweltbelastungen zu berücksichtigen. | 2 |
| **Gesamtpunktzahl Aufgabe 3:** | **15** |
| **Gesamtpunktzahl Material:** | **42** |

| Name: | |
|---|---|
| Klausur Nr.: | Datum: |

# Biotische Umweltfaktoren

**Material: Beziehungen zwischen Akazien und Ameisen**

*A  Ameisen und Akazien in Kenia*

Auf Akazienbäumen in der Savanne Kenias leben vier verschiedene Ameisenarten. Viele Dornen der Akazien sind vergrößert und hohl und bieten damit Platz für Ameisennester. Darüber hinaus besitzen die Akazien zusätzlich Nektarien, in denen honigartiger Nektar gebildet wird. Dieser Blattnektar ist Nahrung der Ameisen. Zusätzlich ernähren sich die Ameisen von Insekten, Spinnen und Milben, von denen auch viele die Bäume schädigen. Todd PALMER und seine Kollegen von der University of Florida in Gainsville fanden heraus, dass auch Giraffen eine Rolle in der Beziehung zwischen Akazien und Ameisen spielen: Die Wissenschaftler umzäunten ein Gebiet mit 1 700 Akazien, sodass Giraffen und andere Pflanzenfresser nicht mehr von den Bäumen fressen konnten. Sie beobachteten, dass die Bäume nun weniger Dornen und Nektarien ausbildeten. Daraufhin verließen die Ameisen die Akazien, was zu einem deutlich höheren Schädlingsbefall und einem verlangsamten Wachstum der Bäume führte. Zusätzlich besiedelten nun Borkenkäfer und andere Ameisenarten die Bäume, die ihre Nester in den Bohrgängen der Borkenkäfer anlegten.

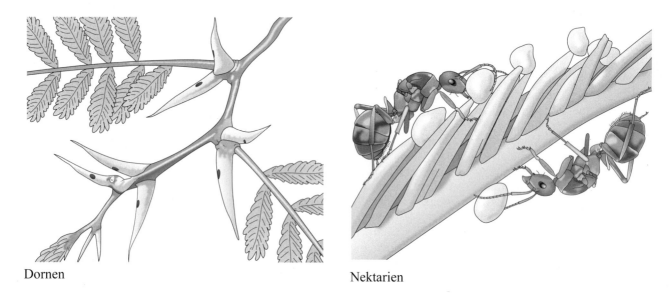

Dornen           Nektarien

*B  Ameisen und Akazien in Mexiko*

Bei Felduntersuchungen in Mexiko fanden der Biologe Martin HEIL und seine Kollegen aus Jena und Würzburg heraus, dass Akazien auf ganz unterschiedliche Weise mit Ameisen kooperieren: Auf einigen Akazienarten leben dauerhaft sehr aggressive und wehrhafte Ameisen der Gattung *Pseudomyrmex*. Diese als Myrmecophyten bezeichneten Akazienarten produzieren ständig zuckerhaltigen Nektar, von dem sich die Ameisen ernähren. Die Ameisen vertilgen zudem die Schädlinge der Akazien wie Blatt fressende Raupen, Käfer und andere Insekten sowie Milben. Andere Akazienarten hingegen produzieren nur dann Nektar, wenn sie von Parasiten bedroht oder angefressen werden. Damit locken sie umherziehende Ameisen aus der Umgebung an, die die Feinde der Akazien vertreiben oder fressen.

| Name: | |
|---|---|
| Klausur Nr.: | Datum: |

Die gleiche Forschergruppe stellte fest, dass die auf eine bestimmte Akazienart spezialisierten Ameisen nur den Nektar ihrer Wirtspflanze mögen, während die umherziehenden Ameisen nur den Nektar der jeweils anlockenden Akazienarten fressen.
Chemische Untersuchungen zeigten, dass der Nektar der ameisenbewohnten Akazienart neben den Zuckern Glukose, Fruktose und Saccharose auch das Saccharose abbauende Enzym Saccharase enthält. Untersuchungen der Ameisen ergaben, dass den auf dieser Akazienart lebenden Ameisen dieses Verdauungsenzym fehlt.

**Aufgaben**

1 Erläutern Sie die Beziehung zwischen den Ameisen und den Akazien in Kenia! Erklären Sie in diesem Zusammenhang auch die Funktion der Giraffen und anderer Pflanzenfresser! (12 Punkte)

2 Erklären Sie die unterschiedlichen „Strategien" der mexikanischen Akazienarten unter dem Aspekt von Kosten und Nutzen! (10 Punkte)

3 Deuten Sie die Beziehung zwischen den Saccharase produzierenden Akazien und den Ameisen unter dem Aspekt „Koevolution" und zeigen Sie Vorteile und Nachteile für beide Arten in dieser Beziehung auf! (11 Punkte)

# Lösungen

## Biotische Umweltfaktoren

### Material: Beziehungen zwischen Akazien und Ameisen

| 1 Erläutern Sie die Beziehung zwischen den Ameisen und den Akazien in Kenia! Erklären Sie in diesem Zusammenhang auch die Funktion der Giraffen und anderer Pflanzenfresser! *(Anforderungsbereiche I + II)* | Punkte |
|---|---|
| – Die Ameisen und Akazien in Kenia leben in einer fakultativen Ektosymbiose, da die Ameisen nicht unbedingt auf den Akazien leben müssen. Die Akazien sind die Wirtspflanzen. | 2 |
| – Die Akazien bieten den Ameisen große Mengen an honigartigem Nektar sowie Wohnraum in hohlen Dornen. Die Ameisen halten die Akazien von Schädlingen frei, die das Wachstum behindern. | 1 |
| – Da sich die Ameisen auf den Akazien von Insekten, Spinnen und Milben ernähren, sind die Akazien auch ihr Nahrungsrevier. | 1 |
| – Giraffen und andere Pflanzenfresser fressen Akazienblätter und beeinträchtigen damit das Wachstum von Akazien. | 1 |
| – Wenn die Blätter der Akazien nicht mehr von Giraffen gefressen werden, bilden die Akazien weniger Nektar und weniger Dornen. | 1 |
| – Dies führt zu schlechteren Fress- und Wohnbedingungen für die Ameisen, die daraufhin die Akazien verlassen und damit auch die symbiontische Beziehung beenden. | 1 |
| – Dies wiederum führt dazu, dass die Akazien von Schädlingen befallen werden und die Akazien somit deutlich langsamer wachsen. | 1 |
| – Erst durch den Blattfraß wird also die Symbiose zwischen den Ameisen und den Akazien begründet. | 1 |
| – Der Blattfraß durch die Giraffen und andere Pflanzenfresser initiiert die Symbiose zwischen Ameisen und Akazien: Hoher Blattfraß regt die Akazien zu einer zusätzlichen Nektar- und Dornenproduktion an. Bei geringem oder gar keinem Blattfraß unterbleibt diese Anregung, was die Attraktivität der Akazien für diese Ameisen herabsetzt, sodass sie die Akazien und damit die Symbiose verlassen. | 2 |
| – Der Einzäunungsversuch zeigt, dass die Schädigung durch Blattfraß geringer ist, als durch andere Pflanzenfresser oder –schädlinge. | 1 |
| – *Zusatzpunkt:*<br>Es ist anzunehmen, dass die Akazien einen Stoff bilden, der bei Blattfraß die zusätzliche Nektar- und Dornenbildung bewirkt. | (1) |
| **Gesamtpunktzahl Aufgabe 1:** | **12** |

# Lösungen

| 2 Erklären Sie die unterschiedlichen „Strategien" der mexikanischen Akazienarten unter dem Aspekt von Kosten und Nutzen! *(Anforderungsbereich II)* | Punkte |
|---|---|
| – Die Myrmecophyten produzieren dauernd Nektar und beherbergen damit dauernd Ameisen, die der Feindabwehr dienen, was einer obligaten Symbiose entspricht. | 1 |
| – Durch die dauernde Nektarproduktion haben diese Akazien hohe Kosten durch einen hohen Energieaufwand. Sie genießen aber auch permanenten Schutz. | 1 |
| – Andere Akazienarten produzieren nur dann Nektar, wenn eine Bedrohung vorliegt und locken damit Ameisen an, die dann die Feinde fressen oder vertreiben. Dies entspricht einer fakultativen Symbiose. | 1 |
| – Der Energieaufwand dieser Akazien für die Symbiose und damit für den Schutz ist nicht so hoch. Dafür gehen sie aber auch das Risiko ein, nicht vollständig und unmittelbar gegenüber Parasiten und Fressfeinden geschützt zu sein. | 2 |
| – Wie chemische Untersuchungen gezeigt haben, enthält der Nektar der Myrmecophyten das Enzym Saccharase. Dieser Nektar wird nur von einer Ameisenart konsumiert, die ein Defizit bezüglich ihrer Enzymausstattung aufweist. Dadurch entsteht eine sehr enge Symbiose. | 2 |
| – Der Energieaufwand der Myrmecophyten ist im Vergleich zu dem der anderen Akazien höher, weil zusätzlich zu der Dauerproduktion von Nektar auch noch ein Protein hergestellt wird. Dadurch wird aber die Ameisenart fest an die Akazien gebunden und es entsteht ein „exklusiver" Schutz vor Fressfeinden und Parasiten. | 2 |
| – Je mehr Kosten die Akazien investieren, desto besser der Schutz durch die Ameisen und desto enger die symbiontische Beziehung. | 1 |
| **Gesamtpunktzahl Aufgabe 2:** | **10** |
| 3 Deuten Sie die Beziehung zwischen den Saccharase produzierenden Akazien und den Ameisen unter dem Aspekt „Koevolution" und zeigen Sie Vorteile und Nachteile für beide Arten in dieser Beziehung auf! *(Anforderungsbereiche II + III)* | Punkte |
| – Unter Koevolution versteht man einen Prozess der wechselseitigen Anpassung zweier Arten im Verlauf langer Zeiträume in der Stammesgeschichte. | 1 |
| – Ameisen, die keine Saccharose verdauen können, sind ohne vorverdauten Nektar nur schlecht oder gar nicht lebensfähig. Daher sind diese Ameisen auf den speziellen Nektar dieser Akazien angewiesen. | 1 |
| – Myrmecophyten binden durch die Produktion des speziellen Nektars diese Ameisenart an sich und sind so permanent geschützt. Zudem wird verhindert, dass sich nicht schützende Ameisen von dem Nektar ernähren. | 2 |
| – Die enge Bindung zwischen Akazien und Ameisen beruht also auf Besonderheiten der beiden Arten, die im Verlauf ihrer Stammesgeschichte entstanden sind. Daher kann man von einer Koevolution sprechen. | 2 |
| – Beide Arten profitieren von dieser Symbiose, die Ameisen durch die Ernährung und die Akazie durch den exklusiven Schutz. | 1 |
| – Während die Symbiose für die Ameisen lebensnotwendig ist, sind für die Akazien lediglich die Produktionskosten für den Nektar erhöht. | 1 |
| – Dieser Nachteil wird aber offenbar durch den Vorteil des exklusiven Schutzes und die Verhinderung des Nektardiebstahls durch nicht schützende Ameisen wieder aufgewogen. | 1 |
| – Die Bindung der Akazien an diese Ameisen ist ebenfalls sehr hoch, da andere Ameisenarten den speziellen Nektar verschmähen. | 1 |
| – Sollten die Akazien keinen Saccharase-haltigen Nektar bilden, hätte dies gravierende Folgen für die Ameisen, die wegen der fehlenden Nahrung in ihrem Bestand gefährdet wären. | 1 |
| **Gesamtpunktzahl Aufgabe 3:** | **11** |
| **Gesamtpunktzahl Material:** | **33** |

# Biotische Umweltfaktoren

**Material: Populationsentwicklung von Vogelarten in Siedlungsgebieten**

*A Dohlen und Elstern in Siedlungsgebieten*

In den letzten 30 Jahren stieg die Anzahl der Dohlen und Elstern in Dörfern und Städten, zum Beispiel Vororte von Großstädten, Garten- und Freizeitanlagen sowie Parks. Demgegenüber sank in diesen Bereichen die Anzahl anderer, kleinerer Singvögel.
Daher fordern beispielsweise Jäger und Kleingärtner, dass zur Bestandsregulation Dohlen und Elstern erschossen werden sollten. Sie begründen dies damit, dass es praktisch keine natürlichen Feinde der beiden Vogelarten wie Habicht und Baummarder mehr gäbe und dass sie als Nesträuber zu viele Singvögel in ihrem Bestand gefährdeten. Diese Maßnahme hätte zur Folge, dass die Populationen der heimischen Singvogelarten wieder anwachsen würden.

*B Lebensweisen von Dohlen, Elstern und anderen Singvogelarten*

Elstern kommen auf Kulturland und offenem Gelände, in Hecken und einzelnen Bäumen vor. Sie bauen Nester in Bäumen, Gebüschen, Hecken und Sträuchern.
Ihre Nahrung besteht vorwiegend aus Insekten, Spinnen und Würmern sowie Beeren, Sämereien und Früchten. Bei Magenuntersuchungen fanden sich weniger als acht Prozent Mäuse, Vogeleier und Jungvögel, darunter vor allem Amseln und Grünfinken. In der Nähe von Wohnsiedlungen gehören in größeren Mengen auch Lebensmittelabfälle sowie Vogelfutter und Aas von überfahrenen Tieren zu ihrer Nahrung.

Dohlen sind typische Kulturfolger, die in Kulturlandschaften, insbesondere auch in Parks, Gärten und Vorortstraßen leben. Zum Brüten benötigen sie Felsen, alte Gemäuer oder Schornsteine, gelegentlich auch Erdhöhlen oder alte Krähennester. Dohlen sind sehr gesellige Vögel und leben oft in größeren Wohnkolonien. Sie ernähren sich vor allem von wirbellosen Tieren wie Insekten, Spinnen, Schnecken und Würmern. Außerdem fand man in ihren Mägen neben Resten menschlicher Nahrung, wie Fleisch, Käse, Fisch, Brot, Wurst und Kaffeesatz, einen geringen Prozentsatz an Jungvögeln und Eiern. Im Herbst und Winter ernähren sich Dohlen auch von Samen, Getreide, Fallobst und Eicheln.

Amseln brüten in Hecken und Bäumen, sie ernähren sich von Würmern, Insekten und von Samen.
Kohlmeisen sind Höhlenbrüter. Sie fressen vorwiegend Spinnen, Insekten und deren Larven, aber auch Samen.
Grünfinken brüten in Hecken und Gebüschen. Sie ernähren sich rein pflanzlich von Samen, Beeren und Knospen.

| Name: | |
|---|---|
| Klausur Nr.: | Datum: |

Rotkehlchen bauen ihre Nester bodennah in Baumstümpfen, Erdvertiefungen oder im Gestrüpp. Sie ernähren sich von Insekten, Spinnen, kleinen Würmern und Larven, fressen aber auch weiche Samen.

*C Populationszählungen im Kreis Segeberg*

Auf einem etwa 70 Quadratkilometer großen Gebiet im Kreis Segeberg, Schleswig-Holstein, wurden Populationszählungen für die sechs Vogelarten durchgeführt. Dabei zeigte sich, dass die Vogelpopulationen nicht gleichmäßig über das gesamte Gebiet verteilt waren. Außerdem wurden bei Elster, Dohle, Amsel und Grünfink im Beobachtungszeitraum deutliche Dichteverschiebungen von unbewohnten zu bewohnten Gebieten beobachtet, während sich die Verteilung von Rotkehlchen und Kohlmeise im Zählgebiet nur unerheblich veränderte.

Die Tabelle zeigt die Anzahlen der Brutreviere in den jeweiligen Jahren:

| Jahr | 1981 | 1987 | 1994 | 1999 | 2003 |
|---|---|---|---|---|---|
| Elster | 68 | 15 | 44 | 37 | 42 |
| Dohle | 57 | 28 | 48 | 43 | 40 |
| Amsel | 132 | 110 | 88 | 90 | 125 |
| Kohlmeise | 87 | 80 | 95 | 78 | 102 |
| Grünfink | 34 | 28 | 44 | 42 | 31 |
| Rotkehlchen | 41 | 29 | 40 | 32 | 28 |

**Aufgaben**

1 Werten Sie die in der Tabelle dargestellten Daten aus! (10 Punkte)

2 Erklären Sie, weshalb die genannten Vogelarten im beschriebenen Lebensraum gleichzeitig vorkommen! Überprüfen Sie dann anhand der Informationen, welche Beziehungen zwischen den Dohlen und Elstern und den übrigen Singvogelarten bestehen! (16 Punkte)

3 Nehmen Sie anhand der Daten und Informationen sowie mithilfe der Auswertung Stellung zu den Aussagen von Gärtnern und Jägern! (12 Punkte)

# Lösungen

## Biotische Umweltfaktoren

### Material: Populationsentwicklungen von Vogelarten in Siedlungsgebieten

| 1 Werten Sie die in der Tabelle dargestellten Daten aus! *(Anforderungsbereiche I + II)* | Punkte |
|---|---|
| – In der Tabelle ist die Anzahl der Brutreviere von sechs Vogelarten auf einem 70 Quadratkilometer großen Gebiet im Kreis Segeberg von 1981 bis 2003 dargestellt. | 1 |
| – Es wurden fünf Zählungen im Abstand von sechs, sieben, fünf und vier Jahren durchgeführt. | 1 |
| – Die Zählungen ergaben, dass die Anzahl der Brutreviere und damit die Populationsdichte sowohl der Elstern (von 68 auf 42) als auch der Dohlen (von 57 auf 40) abgenommen hat. | 1 |
| – Die Abnahme der Populationsdichte erfolgte nicht kontinuierlich, sondern hatte in beiden Fällen einen deutlichen Tiefpunkt im Jahr 1987. | 1 |
| – Die Populationsdichte bei der Amsel ist im gesamten Zeitraum etwa gleich geblieben. Sie weist Tiefpunkte zwischen 1994 und 1999 auf. | 1 |
| – Die Populationsdichte der Kohlmeise hat in diesem Zeitraum um etwa 15 Prozent zugenommen. | 1 |
| – Auch beim Grünfink ist die Populationsdichte etwa gleich geblieben, allerdings mit zwischenzeitlich deutlichen Schwankungen nach unten und nach oben. | 1 |
| – Die Populationsdichte des Rotkehlchens hat im untersuchten Zeitraum, auch mit Schwankungen, um etwa 30 Prozent abgenommen. | 1 |
| – Insgesamt sind die angegebenen Zahlen geeignet, um die genannten Trends anzudeuten. Da die Schwankungen aber bei allen Populationen relativ hoch sind, reichen die Daten nicht aus, um absolut verallgemeinernde Aussagen zu machen. | 2 |
| **Gesamtpunktzahl Aufgabe 1:** | **10** |
| 2 Erklären Sie, weshalb die genannten Vogelarten im beschriebenen Lebensraum gleichzeitig vorkommen! Überprüfen Sie dann anhand der Informationen, welche Beziehungen zwischen den Dohlen und Elstern und den übrigen Singvogelarten bestehen! *(Anforderungsbereich II)* | Punkte |
| – Bis auf den Grünfink ernähren sich die beschriebenen Vogelarten sowohl von pflanzlicher als auch von tierischer Kost. Während der Grünfink pflanzliche Nahrung zu sich nimmt, sind die anderen fünf Vogelarten Allesfresser. | 1 |
| – Die Nahrung der Allesfresser ist aber nicht identisch: | |
|   - Elstern und Dohlen ernähren sich im Sommer vorwiegend von wirbellosen Tieren und zu einem geringen Teil von Eiern oder Jungen der anderen Singvogelarten. Im Winter fressen beide pflanzliche Nahrung. Ganzjährig ernähren sie sich zu großen Teilen von Lebensmittelabfällen der Menschen oder von Aas. | 2 |
|   - Amseln und Kohlmeisen ernähren sich im Sommer vorwiegend von Wirbellosen und im Winter von Körnern oder Samen. Ihr Nahrungsspektrum ist zwar ähnlich, aber nicht identisch. Regenwürmer sind zum Beispiel als Nahrung für Kohlmeisen zu groß. | 2 |
|   - Das Rotkehlchen frisst im Sommer ebenfalls vor allem Wirbellose, im Winter ist es auf weiche Samen angewiesen. | 1 |
| – Außer der Nahrung unterscheiden sich auch die Brutbedingungen der sechs Vogelarten: | |
|   - Während Dohlen an Felsen, in Schornsteinen oder altem Gemäuer brüten, bauen Elstern Nester in Bäumen, Sträuchern oder Hecken. | 1 |
|   - Kohlmeisen sind als einzige der genannten Arten Höhlenbrüter, dagegen brüten Amseln und Grünfinken in Hecken, Bäumen oder Gebüschen. Rotkehlchen bauen ihre Nester bodennah in Baumstümpfen, Erdvertiefungen oder Gestrüpp. | 1 |
| – Fasst man alle Informationen zur Ernährung und Fortpflanzung zusammen, wird deutlich, dass alle sechs Arten unterschiedliche ökologische Nischen bilden:<br>  - Ihre Nahrung ist ähnlich, aber nicht identisch. Die Nahrung des Grünfinken unterscheidet sich völlig von der der anderen Arten. Außerdem nehmen die beiden größeren Vogelarten Dohle und Elster eher größere Nahrung zu sich.<br>  - Die Brut- und Nistplätze der Vogelarten unterscheiden sich ebenfalls. Insbesondere bei Dohle und Elster oder bei Amsel und Kohlmeise, deren Nahrungsspektrum jeweils ähnlich ist, sind die Brutplätze völlig verschieden. Gleiches gilt für das Rotkehlchen. | 5 |

# Lösungen

| | |
|---|---|
| – Umgekehrt brüten Grünfink und Amsel an gleichen Orten in Nestern. Amseln sind jedoch Allesfresser und Grünfinken Pflanzenfresser.<br>– Es gibt noch weitere Faktoren, die hier nicht aufgeführt sind, wie zum Beispiel Aktivitätszeiten, in denen sich die Vogelarten unterscheiden. | |
| – Die unterschiedliche Ernährung und Fortpflanzung der Vogelarten führt zur Konkurrenzvermeidung und alle Arten können im gleichen Lebensraum leben. | 1 |
| – Die Beziehungen zwischen Dohlen und Elstern auf der einen und den vier anderen Singvogelarten auf der anderen Seite beruhen im Wesentlichen auf Konkurrenz, die aber durch die oben beschriebenen Faktoren eingeschränkt ist. In geringem Ausmaß besteht auch eine Räuber-Beute-Beziehung, da die beiden Rabenvogelarten auch (wenige) Eier und Jungvögel fressen. | 2 |
| **Gesamtpunktzahl Aufgabe 2** | **16** |
| **3 Nehmen Sie anhand der Daten und Informationen sowie mithilfe der Auswertung Stellung zu den Aussagen von Gärtnern und Jägern!** *(Anforderungsbereiche II + III)* | **Punkte** |
| – Die Daten der Tabelle zeigen, dass die Populationsdichten aller sechs Vogelarten schwanken und dass im untersuchten Zeitraum die Populationsdichten von Dohlen, Elstern und Rotkehlchen im Untersuchungsgebiet rückläufig waren, die von Amsel und Grünfink nahezu gleich geblieben sind und nur die von Kohlmeisen um etwa 15 Prozent gestiegen sind. | 2 |
| – Die Schwankungsbreite ist allerdings so groß, dass signifikante Aussagen erst dann gemacht werden können, wenn sie zum Beispiel durch Zählungen an anderen Orten bestätigt würden. | 2 |
| – Außerdem wird die im Text erwähnte Dichteverschiebung aus unbewohnten in bewohnte Gebiete durch die Nahrung von Dohle und Elster bestätigt, die sich in Wohngebieten von Lebensmittelresten ernähren. | 1 |
| – Das Nahrungsangebot in bewohnten Gebieten ist also zumindest für die Dohlen und Elstern der Grund für die bevorzugte Besiedlung von Dörfern oder Städten. Den Dohlen stehen darüber hinaus Nistplätze in Schornsteinen zur Verfügung. | 1 |
| – Durch diese Verschiebung der Populationsdichten aus unbewohnten in bewohnte Gebiete wird subjektiv eine Vergrößerung der Elstern- und Dohlenpopulationen empfunden, die durch das Datenmaterial nicht bestätigt werden kann. | 1 |
| – Es ist zwar richtig, dass Elstern und Dohlen auch Eier oder Jungvögel der anderen Singvögel erbeuten. Deren Anzahl ist aber im Untersuchungsgebiet so gering, dass dies keinen wesentlichen Einfluss auf die Populationen dieser Vögel hat. | 1 |
| – Das Fehlen von natürlichen Feinden, wie beispielsweise Habicht oder Baummarder, hat zwar zur Folge, dass es mehr Dohlen und Elstern gibt. Diese Räuber würden aber auch die anderen Singvogelarten dezimieren, sodass auch deren Populationsdichten abnehmen würden. | 2 |
| – Die Schwankungen der Populationsdichten aller Arten und die gleichzeitig relativ geringen Populationsdichten von fünf der sechs Arten im Jahr 1987 lassen vermuten, dass es wahrscheinlich dichteunabhängige Faktoren sind, wie zum Beispiel ein kaltes und nasses Frühjahr, die die Populationsdichten wesentlich beeinflussen. | 1 |
| – Auf der Basis aller Ergebnisse ist es nicht gerechtfertigt, Elstern und Dohlen zu erschießen. | 1 |
| **Gesamtpunktzahl Aufgabe 3:** | **12** |
| **Gesamtpunktzahl Material:** | **38** |

| Name: | | |
|---|---|---|
| Klausur Nr.: | Datum: | |

# Aufbau und Merkmale von Ökosystemen

## Material: Stickstoffkreislauf und Düngung

*A Beobachtungen an einem Maisacker*

Ein Maisacker wurde zu Beginn der Vegetationsperiode gleichmäßig mit Gülle besprüht. Zur Blütezeit der ausgewachsenen Maispflanzen wurde schließlich der Nitratgehalt im Pflanzensaft sowie im Boden gemessen. Die Messungen im Boden erfolgten in 10 und in 30 Zentimeter Tiefe. Pflanzensaft gewinnt man, indem man die Pflanzen im Mörser zerreibt und den austretenden Saft auffängt. Die Messwerte in den Pflanzen sind untereinander vergleichbar. Das Nitrat im Boden wird in einer filtrierten Bodenlösung gemessen. Auch diese Messungen sind untereinander vergleichbar. Dagegen sind die Zahlenangaben zum Pflanzensaft nicht mit denen zur Bodenlösung vergleichbar.

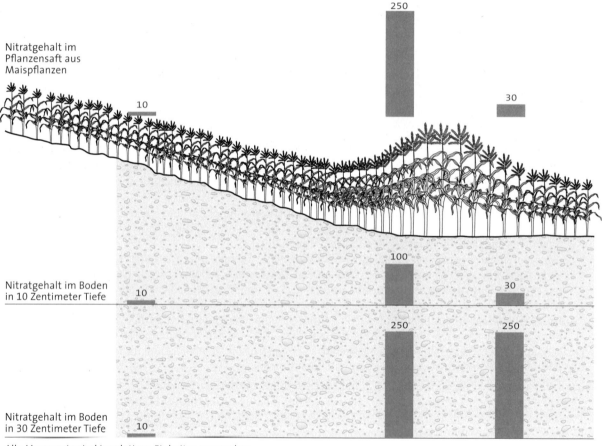

Alle Messwerte sind in relativen Einheiten angegeben.

*B Langzeitversuch auf einem Acker*

In einem Langzeitversuch wurden drei Ackerflächen verglichen, die bei Versuchsbeginn dieselbe Humus- und Stickstoffmenge enthielten. Humus sind Reste von Lebewesen, die lange im Boden verbleiben. Auf allen Flächen wurde dieselbe Feldfrucht angebaut und die angegebenen Düngermengen wurden jährlich über einen Zeitraum von 70 Jahren ausgebracht. In den untersuchten Bodenproben wurden jeweils der Kohlenstoffgehalt und der Stickstoffgehalt gemessen. Der Kohlenstoff gibt dabei Aufschluss über den Humusgehalt. Der Stickstoff

| Name: | |
|---|---|
| Klausur Nr.: | Datum: |

wurde komplett gemessen, das heißt, alle Verbindungen, die Stickstoff enthalten, einschließlich derer, die sich im Humus befanden.
Die Messerwerte bei Versuchsende zeigt die Tabelle.

| Art der Düngung | Kohlenstoff in Gramm Koh-lenstoff pro Kilogramm Boden nach 70 Jahren | Stickstoff in Gramm Stick-stoff pro Kilogramm Boden nach 70 Jahren |
|---|---|---|
| ohne Stallmist | 15,8 | 1,33 |
| 1 Kilogramm Stallmist pro Quadratmeter und Jahr | 19,6 | 1,53 |
| 2 Kilogramm Stallmist pro Quadratmeter und Jahr | 21,1 | 1,84 |

In einem weiteren Kontrollversuch wurde nicht mit Stallmist gedüngt, sondern mit einer bestimmten Menge Mineraldünger, die ebenfalls über 70 Jahre hinweg jährlich ausgebracht wurde. Dabei zeigte sich, dass dieser Acker nach 70 Jahren 18,6 Gramm Kohlenstoff pro Kilogramm Boden und 1,55 Gramm Stickstoff pro Kilogramm Boden enthielt.
Die in der Tabelle dargestellten Messergebnisse des Bodens, der nicht mit Stallmist gedüngt wurde, können hier als Vergleichswerte herangezogen werden, weil auch er nicht mit Mineraldünger versorgt wurde.

**Aufgaben**

1  Beschreiben und erklären Sie die Ergebnisse in Material A! (10 Punkte)

2  Erläutern Sie die Ergebnisse des Langzeitversuchs aus Material B! (10 Punkte)

3  Zeichnen Sie ein Schema des Stickstoffkreislaufs! Beziehen Sie dabei die Erkenntnisse aus dem gesamten Material mit ein! (12 Punkte)

# Lösungen

## Aufbau und Merkmale von Ökosystemen

### Material: Material: Stickstoffkreislauf und Düngung

| 1 Beschreiben und erklären Sie die Ergebnisse in Material A! *(Anforderungsbereiche I + II)* | Punkte |
|---|---|
| – Der Nitratgehalt ist in 10 Zentimeter Bodentiefe immer niedriger als in 30 Zentimeter Bodentiefe an derselben Stelle.<br>– Der Nitratgehalt am Hang ist sehr niedrig im Vergleich zum Nitratgehalt am Hangfuß.<br>– Auf der Fläche neben dem Hangfuß ist der Nitratgehalt in größerer Bodentiefe genauso hoch wie am Hangfuß, in der geringeren Bodentiefe niedriger.<br>– Je höher der Nitratgehalt im Boden ist, desto höher wachsen die Pflanzen.<br>– Je mehr Nitrat in zehn Zentimeter Bodentiefe vorhanden ist, desto mehr Nitrat wird auch im Pflanzensaft gemessen.<br><br>Erklärung:<br>– Aus Inhaltsstoffen der Gülle ist durch Stoffwechel in verschiedenen Bakterien Nitrat entstanden.<br>– Dieses können die Pflanzen aufnehmen und für den Aufbau eigener stickstoffhaltiger Verbindungen nutzen. Wenn viel Nitrat vorhanden ist, nehmen sie offensichtlich auch viel Nitrat auf.<br>– Dieses wird anscheinend nicht vollständig weiter verarbeitet.<br>– Nitrat wird ausgewaschen, sowohl den Hang hinunter als auch vertikal im Boden.<br>– Dadurch kommt es zu einer besonders hohen Nitratkonzentration am Hangfuß und einer erhöhten Nitratkonzentration im Boden in 30 Zentimeter Tiefe. | jeweils 1 Punkt |
| **Gesamtpunktzahl Aufgabe 1:** | **10** |

| 2 Erläutern Sie die Ergebnisse des Langzeitversuchs aus Material B! *(Anforderungsbereich II)* | Punkte |
|---|---|
| – Bei allen Teilversuchen ist im gedüngten Boden sowohl der Humusgehalt als auch der Stickstoffgehalt des Bodens höher als im ungedüngten Acker. | 1 |
| – Sowohl Mineralstoffdüngung als auch Stallmistdüngung führen zur Humusakkumulation im Boden. | 1 |
| – Also ist nicht allein das organische Material, das durch den Stallmist auf den Acker gebracht wurde, dafür verantwortlich, dass im Ackerboden Humus angereichert wurde. | 1 |
| – Auch die Abfälle der angebauten Feldfrüchte tragen zur Humusbildung bei. | 1 |
| – Dieses Argument wird dadurch unterstützt, dass auch bei Mineraldüngung eine Humusanreicherung stattfindet. | 1 |
| – Die Humusanreicherung wächst nicht linear mit der Menge des Stallmists. | 1 |
| – Eine zweifache Stallmistmenge steigert den Humusgehalt gegenüber der ungedüngten Probe um 5,3 Gramm Kohlenstoff pro Kilogramm Boden, nicht aber um 2 · 3,8 = 7,6 Gramm Kohlenstoff pro Kilogramm Boden. | 1 |
| – Die Stickstoffmenge wächst dagegen stärker an: Die einfache Stallmistmenge steigert den Stickstoffgehalt gegenüber der ungedüngten Probe um 0,2 Gramm Stickstoff pro Kilogramm Boden. Die zweifache Stallmistmenge steigert den Gehalt aber um mehr als 2 · 0,2 Gramm, nämlich um 0,51 Gramm Stickstoff pro Kilogramm Boden. | 1 |
| – Aus diesem Versuch geht zwar nicht hervor, in welcher Form der Stickstoff vorliegt, aber da Material A zeigt, dass Nitrat ausgewaschen wird, könnte ein Teil des angereicherten Stickstoffs im Humus enthalten sein. | 2 |
| **Gesamtpunktzahl Aufgabe 2:** | **10** |

| 3 Zeichnen Sie ein Schema des Stickstoffkreislaufs! Beziehen Sie dabei die Erkenntnisse aus dem gesamten Material mit ein! *(Anforderungsbereich II)* | Punkte |
|---|---|
| – Die Versuche zeigen, dass Nitrat aus dem oberen Boden ausgewaschen werden kann. | 1 |
| – Je höher der Nitratgehalt des Bodens ist, desto höher ist auch der Nitratgehalt in den Pflanzen. | 1 |
| – Aus den Versuchen ergibt sich außerdem, dass sich im Verlauf der Jahre Stickstoff im Boden anreichert, also zum Teil nicht mehr für Pflanzen zur Verfügung steht. | 2 |
| – Also muss der Kreislauf um die beiden Aspekte „Auswaschung von Nitrat" und „Festlegung von Stickstoff im Boden", dort zum Teil im Humus, erweitert werden. | 2 |
| – Das in der Pflanze angereicherte Nitrat wird spätestens beim Absterben der Pflanze wieder verfügbar. | 1 |
| 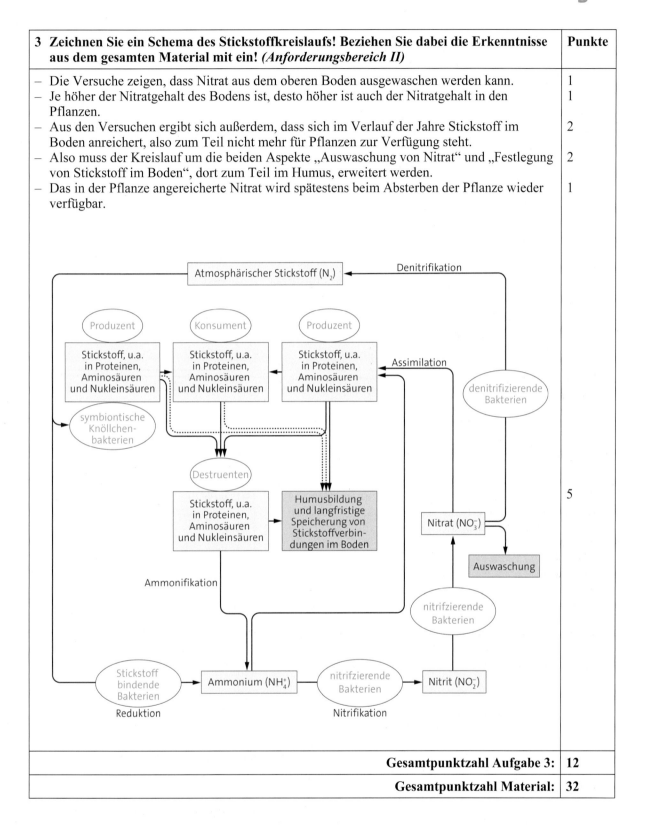 | 5 |
| **Gesamtpunktzahl Aufgabe 3:** | **12** |
| **Gesamtpunktzahl Material:** | **32** |

Name:

Klausur Nr.:  Datum:

# Aufbau und Merkmale von Ökosystemen

## Material: Stickstoffversorgung bei fleischfressenden Pflanzen

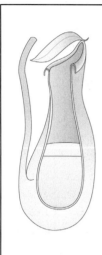

**Kannenpflanzen**, wissenschaftlich *Nepenthes*, bilden einige Blätter so um, dass Kannen entstehen. Die Kannen bleiben so lange mit einem Deckel verschlossen, bis das Blatt voll-ständig entwickelt ist.
Bei der Art *N. chelsonii* befinden sich in jeder Kanne, kurz bevor sie geöffnet wird, etwa 20 Kubikzentimeter Verdauungsflüssigkeit mit einem pH von 2,5. Die Kannenflüssigkeit ist steril und enthält besonders aktive eiweißspaltende Enzyme.

Die **Schlauchblattpflanze** *Sarracenia purpurea* bildet nach oben geöffnete Schläuche aus ihren Blättern, die Verdauungssaft enthalten. Auch dieser Verdauungssaft ist stark sauer und enthält besonders aktive eiweißspaltende Enzyme.

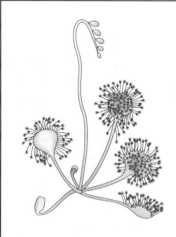

Der **Rundblättrige Sonnentau** *Drosera rotundifolia* bildet Blätter mit Drüsenhaaren aus, an denen die Beutetiere kleben bleiben. Die Drüsenhaare sondern Verdauungsenzyme ab.

Das **Fettkraut** *Pinguicula vulgaris* hat klebrige Blattoberflächen. Wenn kleine Fliegen auf den Blättern kleben bleiben, rollen sich die Blätter von den Seiten her ein. Die Drüsen der Blätter sondern Verdauungsenzyme ab.

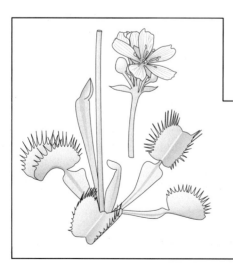

Die **Venusfliegenfalle** *Dionaea muscipula* hält Insekten zwischen ihren Blattteilen fest, wenn sie auf die Blattinnenseite gelangt sind und die Sinneshaare berührt haben. Dazu klappt die Pflanze ihre Blattteile zusammen. Die randlichen Borsten greifen ineinander, sodass ein gefangenes Insekt nicht mehr hinauskommt. Die Drüsen in den Blättern sondern Verdauungsenzyme ab. Nach der Verdauung bleibt nur der Chitinpanzer der Insekten übrig.

| Name: | |
|---|---|
| Klausur Nr.: | Datum: |

*B Untersuchungen zur Verdauung und Resorption*

Fleischfressende Pflanzen verdauen die gefangenen Tiere, meistens Insekten, bei Nepenthes-Arten auch kleine Mäuse, und nehmen die löslichen organischen Abbauprodukte auf. Chemische Signale oder Reize, die von der Beute ausgehen, lösen dabei den Sekretfluss aus. Bereits DARWIN beobachtete, dass beim Sonnentau und beim Fettkraut Stickstoffverbindungen die Sekretion auslösen. Mineralische Stoffe wie Natriumkarbonat, aber auch Zucker waren unwirksam. Bei der Venusfliegenfalle wirkt Harnsäure stimulierend. Spezialisierte Verdauungsdrüsen geben Enzyme ab, die zur Auflösung der tierischen Nahrung notwendig sind. Die Drüsen nehmen die Verdauungsprodukte auf und geben sie an die wasserleitenden Gewebe ab, über die sie zu den Wachstumszonen gelangen.

Bei Kannenpflanzen besiedeln nach dem Öffnen der Kannen relativ schnell Bakterien und Pilze die Flüssigkeit. Die Enzyme der Bakterien und Pilze übernehmen dann einen Teil der Abbauleistungen in einer sich ausbildenden Ernährungsgemeinschaft.

Die Nährstoffe, die der Beute entzogen wurden, gelangen schnell in die Blätter. Nach Fütterung von Fettkrautpflanzen mit $^{14}C$-markiertem Algenprotein lassen sich die bei der Verdauung entstehenden radioaktiven Peptide und Aminosäuren bereits innerhalb von zwei bis drei Stunden im Blatt nachweisen. Nach zwölf Stunden ist der gesamte Transportvorgang abgeschlossen.

*C Untersuchungen zur Ökologie fleischfressender Pflanzen*

Fleischfressende Pflanzen wachsen an mineralstoffarmen Standorten, zum Beispiel in Mooren, auf Sandböden und Felsen, und sind an diese Standorte besonders angepasst. An mineralstoffreichen Standorten werden sie durch das schnellere Wachstum von Konkurrenten verdrängt. Fleischfressende Pflanzen leben an voll besonnten Orten. Die Fotosyntheseleistung ihrer Blätter ist gering.

Beim Sonnentau besteht ein großer Teil der Stickstoffreserve aus der Aminosäure Arginin. Füttert man diese Pflanzen ausschließlich mit $^{15}N$-markierten Fruchtfliegen, also mit Tieren, die mit $^{15}N$-markierter Hefe ernährt wurden, so sind schließlich 40 Prozent des gesamten Arginins mit $^{15}N$ markiert. Führt man den Versuch fort, bleibt dieser Prozentsatz konstant. Künstlich mit Insekten gefütterte fleischfressende Pflanzen zeigen gegenüber Pflanzen ohne zusätzliche tierische Nahrung kräftigeres Wachstum, stärkere Blütenbildung und reichhaltigere Samenentwicklung.

Nehmen Sonnentau-Pflanzen Taufliegen als Nahrung zu sich, ist der Biomassezuwachs beim Mittleren Sonnentau dreimal so hoch wie beim Rundblättrigen Sonnentau. Die Ursache dafür ist, dass eine räuberische Ameise dem Rundblättrigen Sonnentau die tierische Beute wieder raubt, dem Mittleren Sonnentau aber nicht.

**Aufgaben**

1 Werten Sie die Daten zu den fleischfressenden Pflanzen aus und ordnen Sie diese begründet in das System der Trophiestufen ein! (12 Punkte)

2 Erläutern Sie die Ernährungsweise der fleischfressenden Pflanzen mit Bezug auf Lebensraum und Standortfaktoren! (8 Punkte)

3 Vergleichen Sie die Stickstoffversorgung von nicht fleischfressenden Pflanzen mit der von fleischfressenden Pflanzen! (6 Punkte)

# Lösungen

## Aufbau und Merkmale von Ökosystemen
### Material: Stickstoffversorgung bei fleischfressenden Pflanzen

| 1 Werten Sie die Daten zu den fleischfressenden Pflanzen aus und ordnen Sie diese begründet in das System der Trophiestufen ein! *(Anforderungsbereiche I + II)* | Punkte |
|---|---|
| – Mineralstoffe → Produzent → Konsument 1. Ordnung → Konsument 2. Ordnung → Destruent → Mineralstoffe. | 2 |
| – Fleischfressende Pflanzen betreiben Fotosynthese und sind daher Produzenten. | 1 |
| – Außerdem fangen fleischfressende Pflanzen Tiere, verdauen sie und resorbieren dadurch erhaltene lösliche organische Stoffe. Daher sind sie auch Konsumenten zweiter Ordnung. | 2 |
| – Da sie auf stickstoffhaltige Substanzen reagieren, werden sie auch proteinreiche pflanzliche Stoffe verdauen. Daher sind sie auch Konsumenten erster Ordnung. | 1 |
| – Als Angepasstheit an diese Tätigkeit besitzen sie Drüsen mit Verdauungssäften, die Proteasen in saurem Milieu enthalten. | 1 |
| – Die schnelle Resorption stickstoffhaltiger Stoffe und die Stickstoffspeicherung in Form von Arginin, dessen Stickstoff nachweislich aus der verdauten Beute stammt, zeigen, dass die Lebensweise als Konsument für die fleischfressenden Pflanzen von entscheidender Bedeutung ist. | 2 |
| – Die Ernährungsgemeinschaft in den Kannen von Nepenthes kann als Symbiose gedeutet werden, weil die mikrobiellen Enzyme einen Teil der Abbauarbeit übernehmen und die Bakterien und Pilze in den Kannen die benötigte Nahrung vorfinden. | 2 |
| – Da Bakterien gewöhnlich zu den Destruenten zählen, liegt hier eine enge Vergesellschaftung einer fleischfressenden Pflanze mit Destruenten vor. | 1 |
| **Gesamtpunktzahl Aufgabe 1:** | **12** |

| 2 Erläutern Sie die Ernährungsweise der fleischfressenden Pflanzen mit Bezug auf Lebensraum und Standortfaktoren! *(Anforderungsbereich II)* | Punkte |
|---|---|
| – Fleischfressende Pflanzen betreiben sowohl Fotosynthese als auch Resorption von Nährstoffen. | 1 |
| – Die Fotosyntheseleistung der Pflanzen ist relativ gering, sodass eine zusätzliche Versorgung mit Nährstoffen überlebenswichtig ist. | 2 |
| – Trotz hellen Standortes bleibt die Fotosyntheseleistung gering, da ein mineralstoffarmer Standort vorliegt. | 2 |
| – Passend zum mineralstoffarmen Standort reagieren die Pflanzen auf stickstoffhaltige Substanzen, was ihre Angepasstheit an eine alternative Versorgung mit Stickstoff unterstreicht. | 1 |
| – Auch die Beobachtung, dass der Rundblättrige Sonnentau langsamer wächst als der Mittlere Sonnentau, wenn Ameisen die tierische Beute stehlen, zeigt, dass die tierische Kost für das Wachstum an diesem Standort von besonderer Bedeutung ist. | 2 |
| **Gesamtpunktzahl Aufgabe 2:** | **8** |

# Lösungen

| 3 Vergleichen Sie die Stickstoffversorgung von nicht fleischfressenden Pflanzen mit der von fleischfressenden Pflanzen! *(Anforderungsbereiche I + II)* | Punkte |
|---|---|
| – Beiden gemeinsam ist die Aufnahme von mineralisch gebundenem Stickstoff.<br>– Weil fleischfressende Pflanzen in den angeführten Experimenten auch ohne tierische Nahrung wachsen, müssen sie auch auf anderem Weg an Stickstoff kommen.<br>– Da fleischfressende Pflanzen im Vergleich zu anderen Pflanzen an mineralstoffreichen Standorten in der Konkurrenz unterlegen sind, ist ihre Art der Stickstoffversorgung lediglich an nährstoffarmen Standorten von Vorteil.<br>– Die meisten Pflanzen nehmen Stickstoff in Form von Nitrat oder Ammonium auf und müssen dann durch chemische Reaktionen den Stickstoff in organische Stoffe einbauen.<br>– Carnivore Pflanzen nehmen direkt organische stickstoffhaltige Substanzen auf und können so einen Teil ihres Stoffwechsels anders durchführen.<br>– Ob dadurch energetische Vorteile erreichbar sind, kann nur vermutet werden, weil im Material keine Angaben dazu gemacht werden. | jeweils 1 Punkt |
| **Gesamtpunktzahl Aufgabe 3:** | **6** |
| **Gesamtpunktzahl Material:** | **26** |

## Aufbau und Merkmale von Ökosystemen

### Material: Frostspanner und Kahlfraß

*A Versuche mit Frostspannerraupen*

In Wäldern beobachtet man in manchen Jahren, dass Schmetterlingsraupen, zum Beispiel Frostspannerraupen, die im April gebildeten Blätter der Bäume vollständig auffressen. Im Juni treiben die Bäume neu aus. Im selben Jahr kommt es nicht erneut zum Kahlfraß. Auch in den nächsten Jahren wiederholt sich ein solches Ereignis meistens nicht.

Zur Aufklärung dieses Phänomens fütterte man in einem Versuch ab Anfang Juni sieben Milligramm schwere Raupen des Frostspanners mit Eichenblättern. In einem Fall waren die Blätter frisch entwickelt, im anderen Fall schon einige Wochen alt. Das höchste Gewicht erreichen die Raupen kurz vor ihrer Verpuppung. Etwa ab dem 14. Juni sind die Puppen vollständig ausgebildet.
Puppen, die weniger als 20 Milligramm wiegen, können keine Metamorphose zum Schmetterling durchmachen.

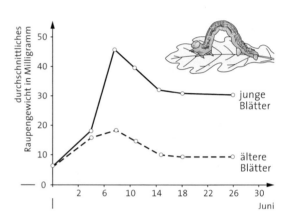

*B Pflanzliche Abwehr gegen Fressfeinde*

Die systematische Untersuchung von Pflanzengewebe auf Inhaltsstoffe, die der Abwehr von Fressfeinden dienen, zeigte folgende Zusammenhänge:

a) Einige Pflanzen oder Pflanzenteile enthalten niedermolekulare Giftstoffe wie Alkaloide, Cyanogene, Glukosinolate, nicht an der Eiweißbildung beteiligte Aminosäuren oder Terpene. Ihre Masse beträgt weniger als zwei Prozent des Trockengewichts des jeweiligen Pflanzengewebes. Man findet sie bei seltenen, kurzlebigen krautigen oder in der Sukzession früh erscheinenden Arten. Außerdem kommen sie in neuen oder besonders wertvollen Blättern und Knospen und in reifenden Früchten vor.
Aus Sicht der Pflanzenfresser handelt es sich um Giftstoffe in Nahrungsquellen, die für sie unauffällig oder unvorhersehbar sind.

b) Nahrungsquellen, die für Pflanzenfresser auffällig oder vorhersehbar sind, enthalten Cellulose, Hemicellulose, Lignine, Tannine oder Kieselsäure. Es handelt sich dabei um komplexe Polymere oder Kristalle, welche die Verdaulichkeit der Nahrung herabsetzen. Ihre Masse beträgt mehr als 85 Prozent des Trockengewichts des jeweiligen Pflanzengewebes. Man findet sie bei häufigen, langlebigen, verholzten oder in der Sukzession spät erscheinenden Arten. Außerdem kommen sie in permanentem, verholztem Gewebe oder in reifen Blättern vor.

*C Mögliche Szenarien für das Zusammentreffen von Schmetterlingsraupen und Blättern*

Wenn im Frühjahr Blattknospen aufbrechen und Schmetterlingsraupen schlüpfen, können folgende Szenarien eintreten:

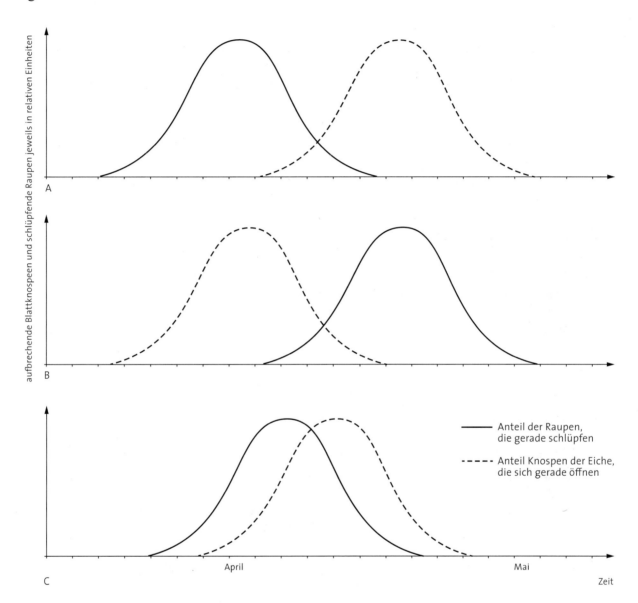

**Aufgaben**

1 Erklären Sie die Versuchsergebnisse! (12 Punkte)

2 Werten Sie Material C mit Blick auf die weitere Entwicklung der jeweiligen Frostspannerpopulation aus! Beziehen Sie dabei die Ergebnisse aus Material A und B ein! (10 Punkte)

3 Formulieren Sie Hypothesen, weshalb sich Kahlfraßphasen nicht unmittelbar und auch nicht in aufeinanderfolgenden Jahren wiederholen! (10 Punkte)

# Lösungen

## Aufbau und Merkmale von Ökosysteme
### Material: Frostspanner und Kahlfraß

| 1 Erklären Sie die Versuchsergebnisse! *(Anforderungsbereiche II + III)* | Punkte |
|---|---|
| – Die Raupen des Frostspanners, die mit jungen Blättern gefüttert wurden, erreichen ein Endgewicht der Puppe von etwa 30 Milligramm. | 1 |
| – Die Raupen, die mit älteren Blättern gefüttert wurden, erreichen ein Endgewicht der Puppe von etwa zehn Milligramm, sind also deutlich leichter. | 2 |
| – Die jeweilige Entwicklung verläuft zeitlich parallel. | 2 |
| – Das langsamere Wachstum beim Verfüttern von älteren Blättern lässt sich also nicht durch eine längere Wachstumsphase ausgleichen. | 2 |
| – Ursache für das geringere Wachstum der Raupen, die alte Blätter fressen, können die unverdaulichen Inhaltsstoffe dieser Blätter sein. | 2 |
| – Die Eichen sind verholzte Pflanzen und eine für Pflanzenfresser auffällige und vorhersehbare Nahrungsquelle. Daher werden sie in ihren reifen Blättern schwer verdauliche Stoffe einlagern. | 2 |
| – Falls sie alljährlich in ihren jungen Blättern niedermolekulare Giftstoffe ausbilden, sind diese für die Frostspanner nicht giftig. | 1 |
| **Gesamtpunktzahl Aufgabe 1:** | **12** |

| 2 Werten Sie Material C mit Blick auf die weitere Entwicklung der jeweiligen Frostspannerpopulation aus! Beziehen Sie dabei die Ergebnisse aus Material A und B ein! *(Anforderungsbereiche I + II)* | Punkte |
|---|---|
| – Der Vergleich der drei Szenarien zeigt, dass es jeweils eine feste Zeitspanne gibt, in der sich die Knospen öffnen und in der die Raupen schlüpfen. In dieser Zeitspanne treffen die Raupen entweder auf sich neu öffnende Blattknospen oder nicht.<br>– Im Fall A schlüpfen viele Raupen während noch kein Laub da ist. Sie werden verhungern. Lediglich ein geringer Teil aller Raupen wird überleben. In der nachfolgenden Generation wird es wenige Schmetterlinge geben.<br>– Im Fall B schlüpfen nur wenige Raupen während die Eichen Blätter frisch ausbilden. Die restlichen Raupen treffen beim Schlupf mit älteren Blättern zusammen. Sie werden wahrscheinlich keine zur Metamorphose fähigen Puppen ausbilden. Auch in diesem Fall wird es in der nachfolgenden Generation wenige Schmetterlinge geben.<br>– Im Fall C treffen fast alle schlüpfenden Raupen auf frisch entstandene Blätter. Nur wenige Raupen verhungern. Die nachfolgende Generation Schmetterlinge wird groß sein, und besonders viele Raupen werden im nächsten Frühjahr schlüpfen.<br>– Die langfristige Entwicklung wird davon abhängen, welches der Szenarien im nächsten Frühjahr eintritt. Lediglich im Szenario C wird die Population der Schmetterlinge weiter wachsen. | jeweils 2 Punkte |
| **Gesamtpunktzahl Aufgabe 2:** | **10** |

# Lösungen

| 3 Formulieren Sie Hypothesen, weshalb sich Kahlfraßphasen nicht unmittelbar und auch nicht in aufeinanderfolgenden Jahren wiederholen! *(Anforderungsbereich III)* | Punkte |
|---|---|
| – Kahlfraß an den im Juni ausgetriebenen Blättern einer Eiche ist dann denkbar, wenn Raupen der Arten, die junge Eichenblätter fressen, im Juni aus ihren Eiern schlüpfen.<br>– Da aber gemäß Material B möglicherweise eine feste Zeitspanne für den Schlupf zur Verfügung steht, müsste diese bis in den Juni reichen.<br>– Eine Schmetterlingspopulation, die einen solchen Schlüpfzeitpunkt genetisch festgelegt hätte, liefe Gefahr, dass sich ihre Raupen in all den Jahren, in denen kein Kahlfraß im Mai stattfindet, nicht entwickeln könnten, weil sie lediglich auf alte Blätter treffen würden, die sie nicht verdauen können. Daher wird es solche Populationen nicht geben.<br>– Dadurch ist durch diese Schmetterlinge kein zweites Kahlfraßereignis im Jahr zu erwarten.<br>– Schmetterlingsraupen, die grundsätzlich erst im Juni schlüpfen, erwarten zwei mögliche Szenarien.<br>– Entweder müssen sie alte Blätter fressen und werden wegen der darin enthaltenen unverdaulichen Bestandteile nur langsam wachsen oder sie treffen auf nach Kahlfraß neu gebildete Blätter, die gemäß den Angaben in Material B ebenfalls erhöhte Anteile unverdaulicher Inhaltsstoffe haben. Beides wird dazu führen, dass die Bäume nicht kahl gefressen werden.<br>– Da die Bäume in einem Jahr mit Kahlfraß erst im Juni mit ihrem Wachstum beginnen können, könnte es sein, dass sie im folgenden Jahr zu einem späteren Zeitpunkt die Blattknospen austreiben als im aktuellen.<br>– Alle Schmetterlingsraupen, die in diesem Jahr zu einem bestimmten Zeitpunkt geschlüpft sind, könnten eine genetische Disposition für einen bestimmten Schlüpfzeitpunkt haben, sodass ihre Nachkommen im nächsten Jahr zum selben Zeitpunkt schlüpfen, wie sie es in diesem Jahr getan haben. Daher würde nach einem diesjährigen Szenario C mit Kahlfraß im Folgejahr ungefähr Szenario A eintreten, wodurch Kahlfraß im Folgejahr vermieden würde.<br>– Bäume, die in einem Jahr kahl gefressen worden sind, könnten im Folgejahr darauf reagieren und in ihre jungen Blätter niedermolekulare Giftstoffe einlagern, sodass dadurch die jungen Raupen sofort getötet würden und kein Kahlfraß eintreten würde, falls diese Stoffe überhaupt gegen Frostspannerraupen wirksam sind.<br>– Sie könnten auch vermehrt hochmolekulare unverdauliche Stoffe schon in die jungen Blätter einbauen, was zu geringerer Nahrungsaufnahme der Raupen führen würde und damit denselben Effekt hätte.<br>*(Erwartet werden eine ausführliche Begründung zum aktuellen Jahr und eine zum Folgejahr.)* | jeweils 1 Punkt |
| **Gesamtpunktzahl Aufgabe 3:** | **10** |
| **Gesamtpunktzahl Material:** | **32** |

| Name: | |
|---|---|
| Klausur Nr.: | Datum: |

# Aufbau und Merkmale von Ökosystemen

## Material: Sukzession in einer Flussaue

*A Entwicklung der Lebensgemeinschaft in einem neu entstandenen Auegewässer*

Nach einem Hochwasser ist in einer Flussaue ein Gewässer neu entstanden. Dieses bleibt vom Wasser des Flusses abgetrennt, bis ein neues Hochwasser frisches Flusswasser einspült. Bei genügender Tiefe bildet sich eine Temperaturschichtung des Wassers aus. In einem solchen Auegewässer wurden die Entwicklung der Phytoplankter, der Bakterienbiomasse, der jeweils dominierenden Zooplankter und deren Fressrate erfasst.
Die Messung der Konzentration von Chlorophyll a gibt hier die Konzentration des lebenden Phytoplanktons an. Sie erfolgt im Oberflächenwasser.

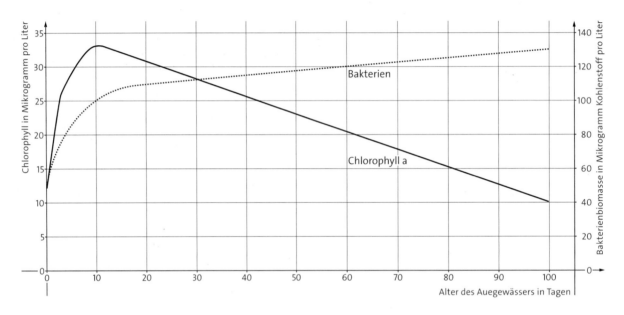

01 Entwicklung von Phytoplankton und Bakterien im Auegewässer

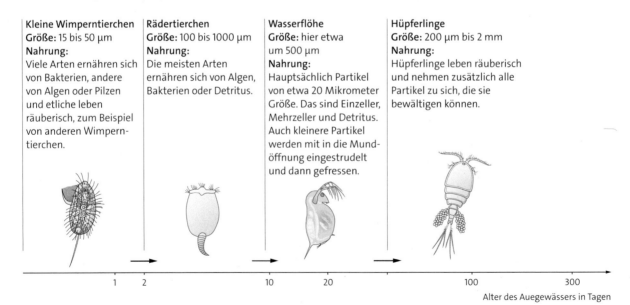

02 Abfolge der jeweils vorherrschenden Zooplankter

| Name: | |
|---|---|
| Klausur Nr.: | Datum: |

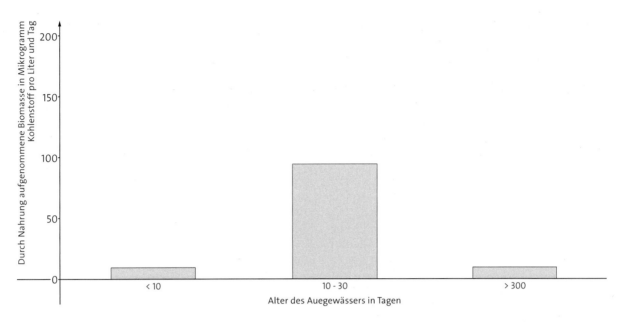

03 Fressrate des Zooplanktons

**Aufgaben**

1 Beschreiben Sie die Beobachtungsergebnisse! (10 Punkte)

2 Erklären Sie den Verlauf der Phytoplanktonkonzentration! (10 Punkte)

3 Stellen Sie die Zusammenhänge der Trophiestufen in einem Ökosystem schematisch dar und erläutern Sie davon ausgehend die Entwicklung der Bakteriendichte im Auegewässer! (12 Punkte)

# Lösungen

## Aufbau und Merkmale von Ökosystemen

### Material: Sukzession in einer Flussaue

| 1 Beschreiben Sie die Beobachtungsergebnisse! *(Anforderungsbereich I)* | Punkte |
|---|---|
| – In dem Auegewässer steigt in den ersten zehn Tagen die Phytoplanktonbiomasse stark. In den darauf folgenden neunzig Tagen sinkt sie gleichmäßig wieder auf den Ausgangswert.<br>– Die Bakterienbiomasse steigt kontinuierlich bis zum Ende der Messungen nach 100 Tagen, aber nach anfänglich starkem Anstieg schwächer.<br>– Auch beim Abfall der Phytoplanktonbiomasse steigt die Bakterienbiomasse weiter an, jetzt aber nicht mehr so stark wie vor dem Biomassemaximum der Phytoplankter.<br>– In den ersten zwei Tagen vermehren sich die kleinen Wimperntierchen sehr stark.<br>– Daraufhin werden sie durch kleine Rädertierchen ersetzt, die ähnliche Nahrung aufnehmen wie die Wimperntierchen.<br>– Am zehnten Tag der Entwicklung dominieren die Wasserflöhe im Auegewässer. Diese sind in der Lage, größere Partikel aufzunehmen als die Rädertierchen sowie gleich große zu fressen.<br>– Ab dem hundertsten Tag überwiegen Hüpferlinge.<br>– Über die Gesamtentwicklung von 300 Tagen gesehen dominieren bei den Zooplanktern zunächst Formen mit kleinen Individuen, dann solche mit etwas größeren Individuen und schließlich große Individuen.<br>– Die größte Fressrate haben allerdings nicht die größten Formen. Sie liegt dann vor, wenn die Rädertierchen von den Wasserflöhen als dominierende Formen im Wasser abgelöst werden, etwa vom zehnten bis zum dreißigsten Tag der Entwicklung des Gewässers.<br>– In diese Zeit fällt der Beginn der Abnahme der Phytoplanktonbiomasse, die ihr Maximum am zehnten Tag der Gewässerentwicklung hat. | jeweils 1 Punkt |
| **Gesamtpunktzahl Aufgabe 1:** | **10** |

| 2 Erklären Sie den Verlauf der Phytoplanktonkonzentration! *(Anforderungsbereiche II + III)* | Punkte |
|---|---|
| – Das frisch gebildete Auegewässer enthält eine gewisse Menge Mineralstoffe, die zu einem starken Wachstum des Phytoplanktons führt.<br>– Gleichzeitig entwickelt sich eine Zooplanktongemeinschaft, die sich von Phytoplankton ernährt.<br>– Zur Zeit der höchsten Fressintensität beginnt die Phytoplanktondichte zu sinken. Das Zooplankton verhindert wahrscheinlich durch seine Fraßtätigkeit weiteres Phytoplanktonwachstum.<br>– Wegen der Schichtung sind anscheinend viele Mineralstoffe in das Hypolimnion abgesunken oder in Organismen gebunden. Daher fehlt weiterem Phytoplanktonwachstum eine Grundlage.<br>– Trotz der hohen Bakterienbiomasse findet offenbar nicht genügend Mineralisation statt. Sobald Phytoplankton Mineralstoffe verwertet, wird es sofort wieder konsumiert. | jeweils 2 Punkte |
| **Gesamtpunktzahl Aufgabe 2:** | **10** |

# Lösungen

| 3 Stellen Sie die Zusammenhänge der Trophiestufen in einem Ökosystem schematisch dar und erläutern Sie davon ausgehend die Entwicklung der Bakteriendichte im Auegewässer! *(Anforderungsbereiche II + III)* | Punkte |
|---|---|
| – Mineralstoffe → Produzenten → Konsumenten 1. Ordnung → Konsumenten 2. Ordnung → Destruenten → Mineralstoffe. | 2 |
| – Die Bakteriendichte steigt kontinuierlich, weil Bakterien als Destruenten auf vorhandene Biomasse angewiesen sind: Im Verlauf der Zeit wird zunächst durch Produktion viel Biomasse hergestellt, die sogleich wieder konsumiert wird und damit zum Teil sehr schnell über den Kot der Erstkonsumenten und verzögert über die Konsumenten höherer Trophiestufen und die Überreste toter Tiere den Bakterien als Nahrung zur Verfügung steht. | 2 |
| – Bei hoher Nahrungsaufnahme (10 bis 30 Tage) durch das Zooplankton sinkt die Phytoplanktonbiomasse. Also wird ein größerer Teil der Biomasse in den Konsumenten und danach Detruenten enthalten sein. | 2 |
| – Da die später erscheinenden Konsumenten Wasserflöhe und Hüpferlinge nicht nur Primär- sondern auch Sekundärkonsumenten sind, bleibt ein Teil der Biomasse in den Konsumenten und wird von Trophiestufe zu Trophiestufe weitergereicht. | 2 |
| – Die dabei anfallenden Verluste durch Kot stehen hauptsächlich den Bakterien zur Verfügung, womit ihre Biomasse weiter wächst. Da die Produktion durch das Phytoplankton weiter sinkt, ist die Biomasse schließlich hauptsächlich in den Bakterien enthalten. | 2 |
| – Am Ende der Sukzession dominieren zwar große Konsumenten, diese sind aber offensichtlich in nur geringer Menge vorhanden, weil sie nur wenig konsumieren.<br>– Die Weiterentwicklung des Auegewässers ist nicht dargestellt. | 1 |
| – Zusammenfassend ist festzustellen, dass das Auegewässer zunächst dominiert wird von Produzenten, dann von Konsumenten und schließlich von Destruenten, also hier den Bakterien. | 1 |
| **Gesamtpunktzahl Aufgabe 3:** | **12** |
| **Gesamtpunktzahl Material:** | **32** |

| Name: | |
|---|---|
| Klausur Nr.: | Datum: |

## Ausgewählte Ökosysteme

**Material: Kormorane am Dümmer**

*A Kormorane*

Kormorane sind Wasservögel, die in Kolonien leben. Sie kommen sowohl an Binnenseen als auch an den Meeresküsten vor. Eine Kormoran-Kolonie kann aus mehreren Hundert Vögeln bestehen, die sich nach ihren Tauchgängen zum Trocknen des Gefieders unter anderem auf ufernahen Bäumen niederlassen. Auch auf Inseln in norddeutschen Binnenseen, wie zum Beispiel dem Dümmer in Niedersachsen, haben sich Kormoran-Kolonien angesiedelt. Diese Seen beherbergen typische Lebensgemeinschaften eines stehenden Gewässers. Neben Edelfischen wie Zander und Karpfen gibt es auch viele der wirtschaftlich eher unbedeutenden Weißfische.

Kormorane ernähren sich fast ausschließlich von Fisch, fressen aber auch Schnecken, Muscheln und Krebstiere. Pro Tag verzehrt ein Kormoran etwa ein halbes Kilogramm Fisch. Wegen ihres großen Fischbedarfs standen Binnenfischer und Angler schon immer mit den Tieren auf „Kriegsfuß". Immer wieder fordern sie daher einen Abschuss der Tiere, da sie die Fischbestände plündern würden.

*B Fischsterben am Dümmer*

Im Sommer 2012 erreichte der Fischbestand im Dümmer einen historischen Tiefstand. Bislang führte man das Fischsterben auf eine Massenvermehrung von Cyanobakterien zurück. Diese produzieren eine Vielzahl an Substanzen, die das Zooplankton und die Fische schädigen können. Abgestorbene Cyanobakterien werden von aeroben Mikroorganismen, zumeist Bakterien, abgebaut.

Die Landwirtschaftskammer und einzelne Fischerbetrieben behaupten allerdings, dass neben den Cyanobakterien auch die Kormorane für das Fischsterben verantwortlich sind. Einige Vertreter fordern nun ebenfalls, die Vögel zu erschießen. Laut Aussage der Naturschützer sind die Kormorane hingegen nicht für die starke Vermehrung der Cyanobakterien verantwortlich. Vielmehr vertreten sie die These, dass Kormorane die Wasserqualität der Seen verbessern können.

| Name: | |
|---|---|
| Klausur Nr.: | Datum: |

*C Biozönose am Dümmer*

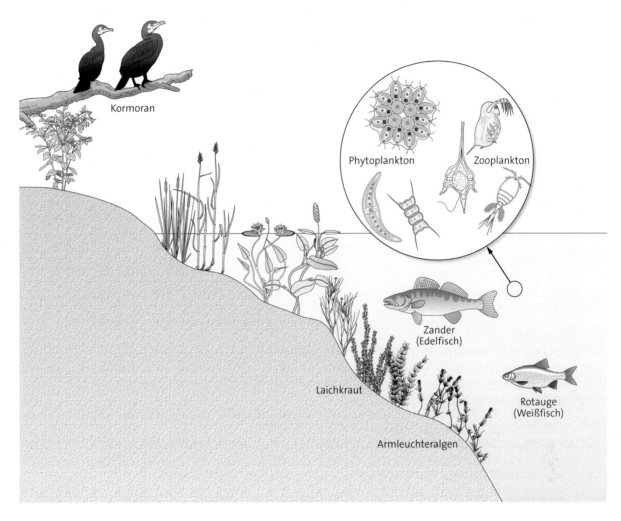

**Aufgaben**

1. Nennen Sie mögliche Ursachen, die eine Massenvermehrung von Cyanobakterien in einem stehenden Gewässer begünstigen und erläutern Sie die ablaufenden Prozesse, die bis zu einem Fischsterben führen können! (20 Punkte)

2. Ordnen Sie die in Material C dargestellten Lebewesen in ein allgemeines Schema zur funktionalen Gliederung von Ökosystemen ein! Berücksichtigen Sie dabei auch die Binnenfischer! (13 Punkte)

3. Erläutern Sie den Einfluss der Weißfische auf die Zusammensetzung des Phytoplanktons in einen eutrophen See und diskutieren Sie die These, dass Kormorane die Wasserqualität von Seen verbessern können! (16 Punkte)

# Ausgewählte Ökosysteme

## Material: Kormorane am Dümmer

| 1 Nennen Sie mögliche Ursachen, die eine Massenvermehrung von Cyanobakterien in einem stehenden Gewässer begünstigen und erläutern Sie die ablaufenden Prozesse bis hin zu einem Fischsterben! *(Anforderungsbereich I)* | Punkte |
|---|---|
| – Mögliche Ursachen für die Massenvermehrung von Cynobakterien in stehenden Gewässern sind: *(mindestens vier Nennungen)* <br>  - Eintrag von organischer Substanz, aus der Landwirtschaft, aus Haushalts- oder Industrieabwässern, <br>  - Mineralstoffeinträge, vor allem Nitrat-, Ammonium- oder Phosphat-Ionen, über ungeklärte Haushaltsabwässer, <br>  - Eintrag von Düngemitteln und damit vor allem Phosphat-Ionen, <br>  - Eintrag von phosphathaltigen Industrieabwässern, <br>  - erhöhter Fischbesatz infolge der Befischung des Gewässers, <br>  - übermäßiges Füttern von Wasservögeln, <br>  - Eintrag von organischer Substanz durch Menschen, die das Gewässer als Freizeitraum nutzen. | 2 (mindestens 4 Nennungen) |
| – Der Eintrag von organischer Substanz führt zu einer gesteigerten Abbautätigkeit durch Destruenten. | 1 |
| – Dabei werden Mineralstoffe freigesetzt, vor allem Phosphat- und Nitrat-Ionen. Die Eutrophierung des Gewässers wird gesteigert. | 1 |
| – Infolge von Zirkulationsbewegungen gelangen die Mineralstoffe ins Epilimnion, wo sie von Produzenten aufgenommen werden. | 1 |
| – Das Wachstum und die Vermehrung der Produzenten und damit auch der Cyanobakterien werden gefördert. | 1 |
| – Eine gesteigerte Primärproduktion fördert auch die Vermehrung von Konsumenten. | 1 |
| – Insgesamt entstehen große Mengen organischen Abfalls in Form von Kot, Urin oder abgestorbenen Tier- und Pflanzenteilen, die ins Hypolimnion absinken und dort von den Destruenten aerob abgebaut werden. | 1 |
| – Der aerobe Abbau führt zu einer weiteren Anreicherung des Gewässers mit Mineralstoffen, vor allem Nitrat- und Phosphat-Ionen. | 1 |
| – Die Primärproduktion wird weiter gesteigert und es kann zu einer Algenblüte kommen. | 1 |
| – Infolge des aeroben Abbaus verringert sich der Sauerstoffgehalt zunehmend, bis im Hypolimnion schließlich kaum oder überhaupt kein Sauerstoff mehr vorhanden ist. | 1 |
| – Durch das starke Wachstum der Produzenten im Epilimnion dringt zudem nur noch wenig Licht in die tieferen Schichten des Gewässers. Infolgedessen kommt es hier zu einer Abnahme der Fotosyntheseleistung und damit auch der Sauerstofffreisetzung im Gewässer. | 2 |
| – Aufgrund des Sauerstoffmangels kommt es nun zu anaeroben Abbauprozessen. Dabei entstehen Giftstoffe wie Ammoniak, Methan oder Schwefelwasserstoff. | 2 |
| – Unter anaeroben Bedingungen werden zudem $Fe^{3+}$-Ionen zu $Fe^{2+}$-Ionen reduziert. Diese können Phosphat-Ionen nicht mehr binden, sodass Phosphat freigesetzt wird. | 2 |
| – Zirkulationsbewegungen bringen die Phosphat-Ionen in das Epilimnion, wo sie das Wachstum der Produzenten und damit auch der Cyanobakterien weiter fördern. Die Menge organischen Abfalls steigt. | 2 |
| – Der Sauerstoffmangel und die Anreicherung von Giftstoffen führen zum Absterben vieler Lebewesen im See. Es kommt unter anderen zu einem Fischsterben. | 1 |
| **Gesamtpunktzahl Aufgabe 1:** | **20** |

# Lösungen

| 2 Ordnen Sie die in Material C dargestellten Lebewesen in ein allgemeines Schema zur funktionalen Gliederung von Ökosystemen ein! Berücksichtigen Sie dabei auch die Binnenfischer! *(Anforderungsbereiche I + II)* | Punkte |
|---|---|
| – Die erste Stufe bilden die Produzenten. Das sind das Phytoplankton oder Pflanzen wie Laichkraut oder Armleuchteralgen, die im Prozess der Fotosynthese organische Substanz aufbauen. | 2 |
| – Diese werden von den Primärkonsumenten gefressen, in der abgebildeten Lebensgemeinschaft vom pflanzenfressenden Zooplankton. | 2 |
| – Die Primärkonsumenten sind Nahrung der Sekundärkonsumenten, wie zum Beispiel die Rotaugen. | 2 |
| – Die Sekundärkonsumenten sind Nahrung der Tertiärkonsumenten wie Zander und Kormoran. | 2 |
| – Kormorane fressen neben den Sekundärkonsumenten auch kleinere Zander und können daher auch der Gruppe der Endkonsumenten zugeordnet werden. | 2 |
| – Da auch die Fischer vorwiegend Edelfische wie den Zander fangen, könnte man sie ebenfalls auf die Stufe der Endkonsumenten einordnen. | 2 |
| – Nicht abgebildet sind Mikroorganismen, die als Destruenten fungieren. | 1 |
| **Gesamtpunktzahl Aufgabe 2:** | **13** |

| 3 Erläutern Sie den Einfluss der Weißfische auf die Zusammensetzung des Phytoplanktons in einen eutrophen See und diskutieren Sie die These, dass Kormorane die Wasserqualität von Seen verbessern können! *(Anforderungsbereiche II + III)* | Punkte |
|---|---|
| – Kormorane ernähren sich fast ausschließlich von Fisch, fressen aber auch Schnecken, Muscheln und Krebstiere. Pro Tag verzehrt ein Kormoran etwa ein halbes Kilogramm Fisch. | 1 |
| – Auf diese Weise reduzieren die Kormorane den Anteil der Konsumenten in einem stehenden Gewässer. | 1 |
| – Steigt die Primärproduktion infolge eines erhöhten Mineralstoffeintrags, so erhöht sich auch die Individuendichte der Konsumenten und damit auch die der Kormorane. | 1 |
| – Damit reduziert sich die Menge organischen Materials, das durch Destruenten abgebaut wird. Zudem entstehen somit auch weniger Mineralstoffe, die das Wachstum der Produzenten fördert. Dies führt zu einer weiteren Reduktion des organischen Materials, das als Detritus zum Seeboden sinken würde. | 1 |
| – Gelangt durch Zirkulationsbewegungen Sauerstoff in alle Schichten des Gewässers, so überwiegen aerobe Abbauprozesse. | 1 |
| – Infolge des verringerten Algenwachstums verbessern sich zudem die Lichtverhältnisse im Epilimnion. Die Fotosyntheseleistung der verbliebenen Produzenten wird erhöht, der Sauerstoffgehalt des Gewässers steigt. | 1 |
| – Unter aeroben Bedingungen wird zudem Phosphat wieder an $Fe^{3+}$-Ionen gebunden. Dabei entsteht schwer lösliches Eisen(III)-phosphat, das sich am Seegrund sammelt. | 1 |
| – Man könnte also schlussfolgern, dass die Kormorane die Wasserqualität wieder verbessern. | 1 |
| – Dies ist jedoch nur möglich, wenn man annimmt, dass die Ausscheidungen der Kormorane nicht in das Gewässer gelangen. | 1 |
| – Wäre dies der Fall, so würden die Kormorane die Eutrophierung der Gewässer fördern. | 1 |
| – Fischereivertreter verfolgen die These, dass der Kormoran die Edelfische frisst. Damit würden die Weißfische gefördert, die das große Zooplankton fressen. Infolgedessen vermehrt sich das Phytoplankton stark. Eine Algenblüte entsteht. | 2 |
| – Es ist davon auszugehen, dass die Vertreter der Landwirtschaftskammer am Dümmer sich genau auf diese Überlegung beziehen, wenn sie behaupten, dass das starke Wachstum der Blaualgen auch auf die Kormorane zurückzuführen sei. | 2 |
| – Für eine abschließende Beurteilung müsste der Effekt des erhöhten Eintrags organischer Substanz also dem Effekt des Wegfressens der Konsumenten durch die Kormorane gegenübergestellt werden. Aufgrund der dazu fehlenden Daten ist dies jedoch nicht möglich. | 2 |
| **Gesamtpunktzahl Aufgabe 3:** | **16** |
| **Gesamtpunktzahl Material:** | **49** |

# Ausgewählte Ökosysteme

**Material: Lebensraum Schwarze Raucher**

*A Küstennahe Lebensbereiche*

Die Lebensgemeinschaften flacher, küstennaher Bereiche bestehen unter anderem aus Krabben, verschiedenen Fried- und Raubfischarten, Röhrenwürmern, Phytoplankton, Zooplankton und Bakterien. Röhrenwürmer sitzen fest im Sand oder auf einem harten Untergrund. Sie filtrieren ebenso wie Muscheln ihre Nahrung aus dem Wasser, Krabben ernähren sich räuberisch.

*B Heiße Schwefelquellen am Meeresboden*

Bei Untersuchungen des Tiefseebodens im Pazifik wurden in etwa 2 500 Meter Tiefe an vielen Stellen unabhängige Lebensgemeinschaften entdeckt. Sie leben bei vollständiger Dunkelheit und produzieren dennoch ihre Nährstoffe unabhängig von den Lebensgemeinschaften der oberen Wasserschichten und der Küstengebiete. Man findet sie am Meeresboden zum Beispiel in der Umgebung heißer Schwefelquellen, sogenannter Schwarzer Raucher, vorwiegend bei Wassertemperaturen von etwa 20 Grad Celsius. In diesem Bereich kommt gelöster Sauerstoff neben Schwefelwasserstoff und Kohlenstoffdioxid vor. In unmittelbarer Nähe der Quellen, wo Temperaturen von bis zu 350 Grad Celsius vorherrschen, und in weiterer Entfernung von den Quellen, wo die Temperaturen auf wenige Grade über 0 Grad Celsius absinken, fehlen diese Biozönosen. Zu diesen Tiefseelebensgemeinschaften zählen Fische, Schwefelbakterien, Muscheln, Krabben und besondere Röhrenwürmer.
Die Schwefelquellen sind vulkanischen Ursprungs. Sie liefern unter anderem Sulfid ($S^{2-}$) an das Meerwasser in der Umgebung. Dieses kann von den Schwefelbakterien zu Sulfat ($SO_4^{2-}$) oxidiert werden. Schwefelbakterien nehmen außer Schwefelwasserstoff auch Sauerstoff und Kohlenstoffdioxid auf und erzeugen Biomasse.
Die bis zu zwei Meter großen Röhrenwürmer in der Tiefsee besitzen kein Magen-Darm-System. Stattdessen verfügen sie über ein besonderes Organ, das Trophosom. Die Zellen des Trophosoms enthalten Schwefelbakterien. Die Kiemen des Röhrenwurms dienen dem Stoffaustausch mit dem umgebenden Wasser. Auch die Muscheln in dieser Lebensgemeinschaft beherbergen Schwefelbakterien.
Wenn die Schwefelquellen versiegen, stirbt die gesamte Lebensgemeinschaft.

Name:

Klausur Nr.:  Datum:

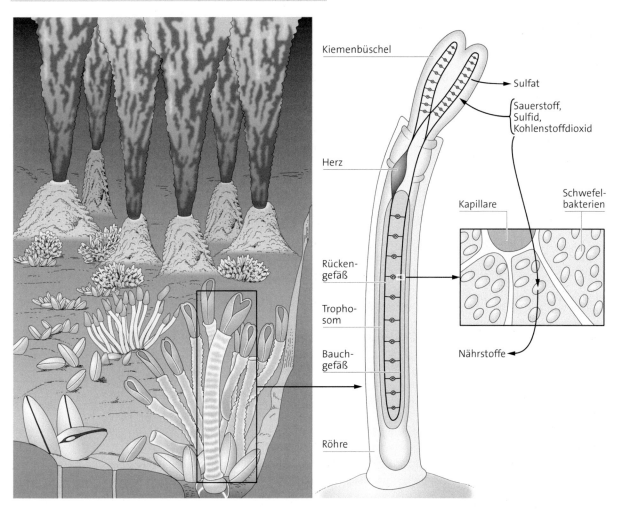

## Aufgaben

1 Analysieren Sie die Lebensgemeinschaften küstennaher Bereiche, indem Sie die Nahrungsbeziehungen der in Material A genannten Lebewesen in Form eines Schemas darstellen und die Skizze erläutern! (10 Punkte)

2 Vergleichen Sie das Ökosystem in Küstennähe mit dem der Tiefsee im Bereich der Schwarzen Raucher! Gehen Sie dabei besonders auf die Rolle der Schwefelbakterien ein und charakterisieren Sie die Beziehung zwischen Röhrenwürmern und Schwefelbakterien! (13 Punkte)

3 Erläutern Sie unter Einbezug der Begriffe „Stoffkreislauf" und „Einbahnstraße der Energie", weshalb eine Lebensgemeinschaft in der Tiefsee nur in dem angegebenen Bereich um die Schwefelquellen vorkommt und bei deren Versiegen stirbt! (11 Punkte)

# Lösungen

## Ausgewählte Ökosysteme

### Material: Lebensraum Schwarze Raucher

| 1 Analysieren Sie die Lebensgemeinschaften küstennaher Bereiche, indem Sie die Nahrungsbeziehungen der in Material A genannten Lebewesen in Form eines Schemas darstellen und die Skizze erläutern! *(Anforderungsbereiche I + II)* | Punkte |
|---|---|
| – Die Lebensgemeinschaften küstennaher Bereiche bestehen aus Produzenten (Phytoplankton), Konsumenten verschiedener Ordnung (Zooplankton, Röhrenwürmer, Friedfische, Raubfische, Krabben) und Destruenten. | 1 |
| – Die Bewohner küstennaher Lebensbereiche lassen sich in einer Nahrungskette oder in einem Nahrungsnetz anordnen in dem gleichzeitig auch die jeweiligen Trophiestufen verdeutlicht werden können: <br><br> 4. Trophiestufe  Raubfische   Krabben   →  B   Endkonsumenten <br> 3. Trophiestufe  Friedfische  Röhrenwürmer →  a  Konsumenten 2. Ordnung <br> 2. Trophiestufe     Zooplankton            →  k  Konsumenten 1. Ordnung <br> 1. Trophiestufe     Phytoplankton          →  t  Produzenten <br>                                                   e <br>                                                   r <br>                                                   i <br>                                                   e <br>                                                   n | 4 |
| – Auf der 1. Trophiestufe stehen die Produzenten, in diesem Beispiel das Phytoplankton. Produzenten stellen im Prozess der Fotosynthese Biomasse und damit auch Nährstoffe für die Konsumenten sowie Sauerstoff her. | 1 |
| – Die 2. Trophiestufe bildet das Zooplankton, das sich vom Phytoplankton ernährt. Da das Zooplankton ausschließlich von Phytoplankton lebt, sind die Zooplankter Konsumenten 1. Ordnung. | 1 |
| – Friedfische und Röhrenwürmer fressen Zooplankton und Phytoplankton. Sie sind also Konsumenten 2. und 1. Ordnung. Sie werden auf der 3. Trophiestufe zusammengefasst. | 1 |
| – Raubfische und Krabben stehen in diesem Beispiel als Endkonsumenten auf der letzten Trophiestufe. Sie ernähren sich von Friedfischen und von Röhrenwürmern. | 1 |
| – Bakterien ernähren sich von den Abfällen, den Ausscheidungen sowie von toten Lebewesen und sind damit sowohl Destruenten als auch Konsumenten. <br> Die verfügbare Biomasse nimmt zumindest von der 2. bis zur 4. Trophiestufe ab. | 1 |
| **Gesamtpunktzahl Aufgabe 1:** | **10** |

| 2 Vergleichen Sie das Ökosystem in Küstennähe mit dem der Tiefsee im Bereich der schwarzen Raucher! Gehen Sie dabei besonders auf die Rolle der Schwefelbakterien ein und charakterisieren Sie die Beziehung zwischen Röhrenwürmern und Schwefelbakterien! *(Anforderungsbereiche II + III)* | Punkte |
|---|---|
| – Da in der Tiefsee völlige Dunkelheit herrscht, kann es keine Fotosynthese und damit keine Biomasseproduktion auf der Basis von Licht geben. Stattdessen muss es einen Energie liefernden Prozess geben, dem eine andere Energiequelle zugrunde liegt. | 1 |
| – Der einzige Vorgang, der dafür in Frage kommt, ist die Oxidation von Sulfid zu Sulfat durch die Schwefelbakterien. Bei dieser Oxidation wird Energie frei, die zur Produktion von Nährstoffen und damit zur Produktion von Biomasse genutzt wird. | 2 |

| | |
|---|---|
| – Die Summe dieser chemischen Reaktionen in den Schwefelbakterien ersetzt die Fotosynthese, die in den küstennahen Gewässern vom Phytoplankton durchgeführt wird. | 1 |
| – Die Schwefelbakterien sind die eigentlichen Produzenten. Sie leben als Endosymbionten in den Zellen des Trophosoms der Röhrenwürmer. | 1 |
| – Das Trophosom ist über das Blutkreislaufsystem mit den Kiemen verbunden, wo die Aufnahme von Sauerstoff, Kohlenstoffdioxid und Sulfid erfolgt. | 1 |
| – Da die Röhrenwürmer von den Produkten der Schwefelbakterien leben, brauchen sie kein Magen-Darm-System. Stattdessen besitzen sie neben dem Trophosom als Produktionsort nur das Blutkreislaufsystem als Transportsystem für die Edukte und Produkte der Synthese. | 2 |
| – Es ist anzunehmen, dass auch die endosymbiontisch in Muscheln lebenden Schwefelbakterien Biomasse synthetisieren. | 1 |
| – In der Lebensgemeinschaft der Tiefsee sind also indirekt die Röhrenwürmer und Muscheln über die Schwefelbakterien die Produzenten. Von ihnen leben Fische und Krabben. | 1 |
| – Es müssen auch Destruenten vorkommen, die Ausscheidungen und tote Lebewesen abbauen. | 1 |
| – Insgesamt unterscheidet sich die Lebensgemeinschaft in der Tiefsee von der Lebensgemeinschaft küstennaher Regionen vor allem durch die Art der Produktion von Biomasse, die symbiontisch mithilfe von chemischer Energie erfolgt und auch dadurch, dass weniger Trophiestufen beteiligt sind. | 1 |
| – Das grundlegende Prinzip von Stoffkreislauf und Energiefluss ist identisch. | 1 |
| **Gesamtpunktzahl Aufgabe 2:** | **13** |

| **3 Erläutern Sie unter Einbezug der Begriffe „Stoffkreislauf" und „Einbahnstraße der Energie", weshalb eine Lebensgemeinschaft in der Tiefsee nur in dem angegebenen Bereich um die Schwefelquellen vorkommt und bei deren Versiegen stirbt!** *(Anforderungsbereiche II + III)* | **Punkte** |
|---|---|
| – In dem angegebenen Bereich um die Schwefelquellen herum hat das Wasser eine Temperatur, die für Lebensvorgänge förderlich ist. | 1 |
| – Es finden sich hier die Edukte für die Oxidationsreaktion, die als primärer Energie liefernder Prozess die Biozönose initiiert und ermöglicht. | 1 |
| – Die Oxidation von Sulfid entspricht der Lichtreaktion bei der Fotosynthese von Pflanzen als Energie liefernder Prozess. | 1 |
| – Die dabei frei werdende Energie kann zur Bildung organischer Stoffe genutzt werden. Die nunmehr in organischer Substanz gebundene Energie wird nach weiteren Stoffwechselreaktionen schließlich in Wärme umgewandelt und ist für weitere Lebensvorgänge verloren. | 2 |
| – Die Einbahnstraße der Energie beginnt also mit der Energie, die bei der Oxidation von Sulfid frei wird und verläuft über die Energie chemischer Bindungen in den Biomolekülen und endet bei der Wärme, die schließlich bei allen Stoffwechselreaktionen entsteht. | 2 |
| – Auch der Stoffkreislauf hängt von den hier verfügbaren Stoffen ab. Diese sind neben Kohlenstoffdioxid vor allem Stickstoff- und Phosphorverbindungen, die zum Aufbau von Biomasse nötig sind. Biomasse kann nur dann produziert werden, wenn alle erforderlichen Stoffe vorliegen. | 2 |
| – Wenn die Schwefelquellen versiegen, fehlt es an Sulfid und damit an Ausgangsbrennstoff für den Energiefluss. Endkonsumenten haben dann noch Nahrung für kurze Zeit, Bakterien als Destruenten für eine etwas längere Zeit. Wenn die Nahrung aufgebraucht ist, gibt es keine Lebensgrundlage mehr. | 2 |
| **Gesamtpunktzahl Aufgabe 3:** | **11** |
| **Gesamtpunktzahl Material:** | **33** |

# Ausgewählte Ökosysteme

## Material: Wahnbachtalsperre

*A Maßnahmen zur Verbesserung der Wasserqualität in der Wahnbachtalsperre*

Die Wahnbachtalsperre bei Siegburg hat ein Wassereinzugsgebiet, in dem großenteils intensive Landwirtschaft betrieben wird. Hier gibt es viele kleinere Ortschaften und eine relativ hohe Bevölkerungsdichte. Der Phosphatgehalt im Hauptzufluss, der Wahnbach, beträgt etwa 0,1 Milligramm pro Liter.

Kurz nach dem Bau der Talsperre in den 1950er- bis 1960er-Jahren kam es bald zu einer starken Vermehrung von Blau- und Grünalgen. Ab einer Wassertiefe von 15 Meter trat im Spätsommer ein nahezu vollständiger Sauerstoffmangel ein.

Die Talsperrenverwaltung ließ daraufhin ab Ende Juli bis Oktober der 1960er-Jahre in 50 Meter Tiefe Luft durch das Talsperrenwasser blasen. Der Sauerstoffgehalt des Wassers verbesserte sich dadurch erheblich. Allerdings vermehrten sich Cyanobakterien und Kieselalgen noch stärker, was zu einer großen Belastung der Filteranlagen für die Trinkwasseraufbereitung führte. Absterbende Pflanzen beeinträchtigten außerdem den Geschmack des Wassers erheblich. Inzwischen belüftet man das Tiefenwasser mithilfe einer Pumpe, mit der sauerstoffarmes Tiefenwasser entnommen wird, das dann mit Luft angereichert wieder der Tiefenwasserschicht zugeführt werden kann.

Seit den 1970er-Jahren werden Phosphoreliminierungsanlagen eingesetzt. Mit diesen Anlagen wird Wasser aus dem Vorbecken entnommen und mit Eisen(III)-salzen vermischt. Die dabei entstehenden Mikroflocken werden verklumpt und schließlich abfiltriert. Dadurch sinkt der Gesamtphosphorgehalt, das heißt sowohl der in Phosphat enthaltene als auch der in organischen Verbindungen gebundene Phosphor.

Außerdem wurden im Einzugsgebiet in den 1980er-Jahren die oft individuellen Kleinkläranlagen der Häuser durch größere Gemeinschaftskläranlagen ersetzt.

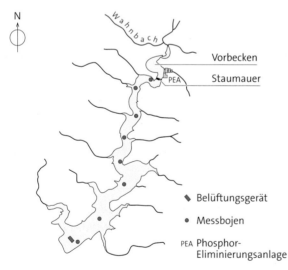

Einzugsgebiet der Wahnbachtalsperre mit Zuflüssen und Messbojen auf dem Stausee

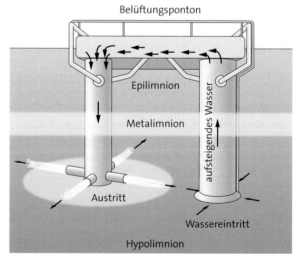

Gerät zur Belüftung des Tiefenwassers in der Wahnbachtalsperre

| Name: | |
|---|---|
| Klausur Nr.: | Datum: |

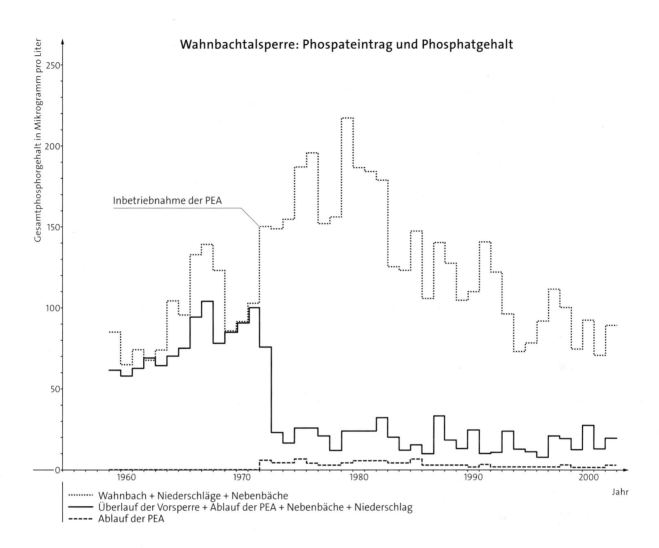

## Aufgaben

1. Erläutern Sie die Wechselbeziehungen zwischen den physikalischen und biologischen Prozessen, die zu dem Sauerstoffmangel in der Wahnbachtalsperre führten! (15 Punkte)

2. Skizzieren Sie, welche Verteilung der Stoffe Kohlenstoffdioxid ($CO_2$), Sauerstoff ($O_2$), Nitrat ($NO_3^-$), Phosphat ($PO_4^{3-}$) und Eisen(III)-salz am Ende der Sommerstagnation in der Wahnbachtalsperre vor Einsatz der technischen Hilfsmittel zu erwarten ist! Verdeutlichen Sie Ihre Angaben anhand eines Diagramms, das auch die Temperaturkurve enthalten soll! (13 Punkte)

3. Vergleichen Sie die chemischen und biologischen Effekte, die die verschiedenen Maßnahmen zur Verbesserung der Wasserqualität hatten beziehungsweise haben und beurteilen Sie deren langfristige Folgen! (17 Punkte)

# Lösungen

## Ausgewählte Ökosysteme

### Material: Wahnbachtalsperre

| 1 Erläutern Sie die Wechselbeziehungen zwischen den physikalischen und biologischen Prozessen, die zu Sauerstoffmangel in der Wahnbachtalsperre führten! *(Anforderungsbereiche I + II)* | Punkte |
|---|---|
| – Da Wasser ein guter Wärmespeicher ist, kann es im Sommer bei höheren Temperaturen viel Wärme aufnehmen. | 1 |
| – Die schlechte Wärmeleitfähigkeit von Wasser führt dazu, dass nur die Wasserschichten erwärmt werden, die von der Sonnenstrahlung erreicht werden. Darunter liegende Schichten bleiben kühl. | 1 |
| – Aufgrund dieser physikalischen Eigenschaften des Wassers entsteht in einem See wie der Wahnbachtalsperre im Sommer eine Temperaturschichtung. Die oben liegende Schicht, das Epilimnion, ist wärmer als die kühle Tiefenschicht, das Hypolimnion. Zwischen Epilimnion und Hypolimnion befindet sich die Sprungschicht, das Metalimnion. In dieser schmalen Schicht fällt die Temperatur rasch deutlich ab. | 2 |
| – Die Temperatur im Hypolimnion beträgt etwa vier Grad Celsius, da Wasser infolge seiner Dichteanomalie bei dieser Temperatur die größte Dichte besitzt. | 1 |
| – Die genannten physikalischen Bedingungen führen in der Wahnbachtalsperre zu einer Sommerstagnation, weil nur im Epilimnion eine horizontale Zirkulation stattfindet, von der das Hypolimnion ausgeschlossen ist. | 2 |
| – Damit ergeben sich für die Lebensgemeinschaften und die Stoffkreisläufe in der Wahnbachtalsperre erhebliche Folgen: | |
| - Nur in den oberen, lichtdurchfluteten Bereichen findet Fotosynthese und damit Produktion statt. Der Stoffkreislauf mit Produzenten, Konsumenten und Destruenten ist in dieser trophogenen Zone vollständig. | 2 |
| - In den unteren, dunklen Bereichen gibt es keine Produzenten. Die Konsumenten und Destruenten müssen während der Sommerstagnation von dem organischen Material leben, das aus der oberen trophogenen Zone nach unten in die tropholytische Zone sinkt. | 2 |
| - Da der Wasserkörper im Hypolimnion praktisch nicht bewegt wird, müssen die dort lebenden Organismen auch mit dem Sauerstoff auskommen, der während der Frühjahrszirkulation eingetragen wurde. | 1 |
| – Ist der Mineralstoffgehalt – wie in der Wahnbachtalsperre – hoch, ist die Fotosyntheserate in der trophogenen Zone ebenfalls hoch. Dann gibt es viele tote Lebewesen, vor allem Phytoplankton, die in dieser Zone nicht mehr mineralisiert werden können und deshalb absinken. | 1 |
| – Bei der Veratmung des organischen Materials im Hypolimnion kann es dann dazu kommen, dass gegen Ende der Sommerstagnation der Sauerstoff völlig verbraucht wird. | 1 |
| – Der Zustand der Wahnbachtalsperre entspricht dem eines eutrophierten Sees. | 1 |
| **Gesamtpunktzahl Aufgabe 1:** | **15** |

# Lösungen

| 2 Skizzieren Sie, welche Verteilung der Stoffe Kohlenstoffdioxid (CO$_2$), Sauerstoff (O$_2$), Nitrat (NO$_3^-$), Phosphat (PO$_4^{3-}$) und Eisen(III)-salz am Ende der Sommerstagnation in der Wahnbachtalsperre vor Einsatz der technischen Hilfsmittel zu erwarten ist! Verdeutlichen Sie Ihre Angaben anhand eines Diagramms, das auch die Temperaturkurve enthalten soll! *(Anforderungsbereich II)* | Punkte |
|---|---|
| – Entscheidend für die Stoffverteilung in der Wahnbachtalsperre vor der Sanierung ist die Überproduktion im Epilimnion und der damit verbundene Sauerstoffmangel im Hypolimnion während der Sommerstagnation. | 2 |
| – In einem eutrophierten See wie der Wahnbachtalsperre vor den Sanierungsmaßnahmen gibt es keinen Sauerstoff im Hypolimnion. Dementsprechend liegt der Stickstoff in Form von Ammonium-Ionen vor und Eisen(III)-ionen sind reduziert zu Eisen(II)-ionen. | 2 |
| – Dies hat zur Folge, dass Eisen(III)-phosphat aus dem Sediment in Lösung geht und freies Phosphat im Hypolimnion auftritt. | 1 |
| – Der Kohlenstoffdioxidgehalt ist infolge der Atmungsprozesse relativ hoch. | 1 |
| – Im Epilimnion sind Kohlenstoffdioxid-, Phosphat- und Nitratgehalt niedrig, weil diese als Ausgangsstoffe für die Fotosynthese verbraucht worden sind. | 1 |
| – Der Sauerstoffgehalt ist wegen der guten Bedingungen für die Fotosynthese hoch. | 1 |
| – Skizze: | 5 |
| **Gesamtpunktzahl Aufgabe 2:** | **13** |

# Lösungen

| 3 Vergleichen Sie die chemischen und biologischen Effekte, die die verschiedenen Maßnahmen zur Verbesserung der Wasserqualität hatten beziehungsweise haben und beurteilen Sie deren langfristige Folgen! *(Anforderungsbereiche II + III)* | Punkte |
|---|---|
| – Es gibt insgesamt vier Maßnahmen, die zur Verbesserung der Wasserqualität eingesetzt wurden. Davon hat sich die erste als ungeeignet erwiesen. | 1 |
| – 1. Lufteinblasen aus 50 Meter Tiefe: Dies führt zwar zu einer Verbesserung des Sauerstoff gehaltes, hat aber zur Folge, dass die Schichtung im See zumindest zum Teil aufgehoben wird. Somit gelangen die im Hypolimnion angereicherten Mineralstoffe, unter ihnen vor allem das wirksame Phosphat, ins Epilimnion und rufen dort ein vermehrtes Wachstum des Phytoplanktons hervor. Da noch mehr Phytoplankton im Epilimnion abstirbt und nur unvollständig mineralisiert werden kann, sinkt es ins Hypolimnion. Seine Veratmung verbraucht dort weiteren Sauerstoff, sodass ein Teufelskreis eingeleitet wurde. Das Ergebnis ist eine Algenblüte. | 3 |
| – 2. Anreicherung des Tiefenwassers mit sauerstoffreichem Wasser: Dieses Verfahren führt zu einer Sauerstoffanreicherung im Hypolimnion. Es führt aber nicht zu einer Durchmischung der Schichten. Daher hat die Sauerstoffanreicherung im Hypolimnion keine Wachstumssteigerung der Produzenten im Epilimnion zur Folge. Das Verfahren trägt dazu bei, wieder aerobe Verhältnisse im Hypolimnion herzustellen. | 3 |
| – 3. Phosphoreliminierungsanlage: Die Anlage entzieht dem Wasser aus dem Vorbecken den Phosphor, genauer gesagt das Phosphat, in dem das Element Phosphor enthalten ist. Das so gereinigte Wasser fließt ins Hauptbecken. Aus dem Diagramm ist die außerordentlich hohe Wirksamkeit dieses Verfahrens abzulesen, da der Gesamtphosphorgehalt nach der Phosphoreliminierung nur noch etwa 20 Prozent beträgt. | 3 |
| – Da Phosphor in der Regel Minimumfaktor ist, wird mit diesem Verfahren das Pflanzenwachstum erheblich eingeschränkt und damit der Eutrophierung vorgebeugt. | 1 |
| – Dieses Verfahren bekämpft damit die eigentliche Ursache für die Eutrophierung, indem es den Phosphateintrag ausgleicht, der offenbar vorwiegend durch den Wahnbach erfolgt. | 1 |
| – 4. Bau von Gemeinschaftskläranlagen: Wie dem Diagramm weiterhin zu entnehmen ist, trugen auch die in den 1980er-Jahren angelegten verbesserten Kläranlagen in den Wohnsiedlungen im Einzugsbereich zu einer Verminderung des Phosphateintrages und damit zu einer Verbesserung der Wasserqualität bei, denn seit dieser Zeit ist der gemessene Gesamtphosphoreintrag um etwa 35 Prozent gesunken. | 2 |
| – Ein Vergleich des Phosphorgehaltes von Ablauf der Phosphoreliminierungsanlage und dem Überlauf der Vorsperre + Nebenbächen + Niederschlag zeigt, dass der derzeit durchschnittlich bei 10 bis 20 Mikrogramm pro Liter liegende Phosphorgehalt zum großen Teil auf den Eintrag aus den Nebenbächen und dem Niederschlag beruht. Dadurch wird die Wasserqualität jedoch nicht erheblich beeinträchtigt. | 2 |
| – Die drei letztgenannten Maßnahmen haben die Wasserqualität in der Wahnbachtalsperre so stark verbessert, dass aus dem eutrophierten Gewässer ein mesotrophes oder gar oligotrophes Gewässer geworden ist. | 1 |
| **Gesamtpunktzahl Aufgabe 3:** | **17** |
| **Gesamtpunktzahl Material:** | **45** |

# Ausgewählte Ökosysteme

## Material: Lebensraumvielfalt an einer Mauer

*A Schema einer frei stehenden Mauer*

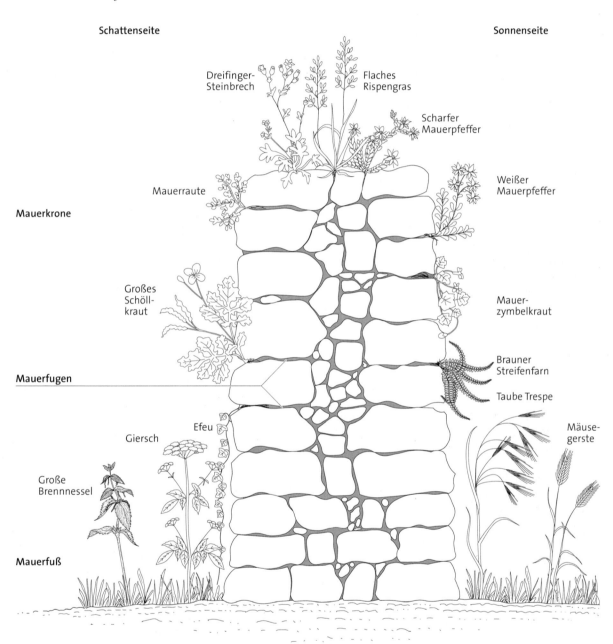

*B Zeigerwerte von Mauerpflanzen*

An einer Mauer wachsen Pflanzenarten, die man verschiedenen Pflanzengesellschaften zuordnet. Pflanzen, die an mineralstoffreichen Standorten vorkommen, bezeichnet man als nährsalzliebend. Pflanzen, die sich bevorzugt auf Schuttplätzen, also von Menschen geschaffenen Plätzen, ansiedeln, bezeichnet man als Ruderalpflanzen und in ihrer Gesamtheit als Ruderalgesellschaft (lateinisch ruderis = Schutt).

| Name: | | |
|---|---|---|
| Klausur Nr.: | Datum: | |

| *Arten der Mauerkronengesellschaften* | L | T | F | R | N |
|---|---|---|---|---|---|
| Weißer Mauerpfeffer | 9 | X | 2 | X | 1 |
| Silber-Fingerkraut | 9 | 6 | 2 | 3 | 1 |
| Plattes Rispengras | 9 | X | 3 | 9 | 3 |
| Kelch-Steinkraut | 9 | 6 | 3 | 8 | 1 |
| Dreifinger-Steinbrech | 8 | 6 | 2 | 7 | 1 |
| Scharfer Mauerpfeffer | 8 | 6 | 2 | X | 1 |
| Frühlings-Hungerblümchen | 8 | 6 | 3 | X | 2 |
| Kleines Habichtskraut | 7 | X | 4 | X | 2 |
| **Mittelwerte** | **8,38** | **6,00** | **2,63** | **6,75** | **1,50** |
| *Arten der Mauerfugengesellschaft* | L | T | F | R | N |
| Mauerraute | 8 | X | 3 | 8 | 2 |
| Wilder Goldlack | 8 | 8 | 5 | 9 | 6 |
| Nordischer Streifenfarn | 8 | X | 3 | 2 | 2 |
| Mauer-Zymbelkraut | 7 | 7 | 6 | 8 | 5 |
| Brauner Streifenfarn | 5 | X | 5 | X | 3 |
| Gewöhnlicher Tüpfelfarn | 5 | 5 | 4 | 2 | 2 |
| Gewöhnliche Hirschzunge | 4 | 5 | 5 | 8 | 4 |
| **Mittelwerte** | **6,43** | **6,25** | **4,43** | **6,17** | **3,43** |
| *Arten der wärmeliebenden Ruderalgesellschaften* | L | T | F | R | N |
| Stachel-Lattich | 9 | 7 | 4 | X | 4 |
| Mäusegerste | 8 | 7 | 4 | 7 | 5 |
| Feinblättriger Doppelsame | 8 | 7 | 3 | X | 6 |
| Dach-Pippau | 8 | 6 | 4 | X | 6 |
| Kanadisches Berufskraut | 8 | 6 | 4 | X | 5 |
| Taube Trespe | 7 | 6 | 4 | X | 5 |
| **Mittelwerte** | **8,00** | **6,50** | **3,83** | **7,00** | **5,17** |
| *Arten der nährsalzliebenden Ruderalgesellschaften* | L | T | F | R | N |
| Weiße Taubnessel | 7 | X | 5 | X | 9 |
| Geißfuß, Giersch | 5 | 5 | 6 | 7 | 8 |
| Großes Schöllkraut | 6 | 6 | 5 | X | 8 |
| Große Brennnessel | X | X | 6 | 7 | 8 |
| Vogelmiere | 6 | X | X | 7 | 8 |
| Stinkender Storchschnabel | 5 | X | X | X | 7 |
| Gundermann, Gundelrebe | 6 | 6 | 6 | X | 7 |
| Mauerlattich | 4 | 6 | 5 | X | 6 |
| **Mittelwerte** | **5,25** | **6,00** | **5,50** | **7,00** | **7,00** |
| *Arten der Waldgesellschaften* | L | T | F | R | N |
| Gewöhnlicher Wurmfarn | 3 | X | 5 | 5 | 6 |
| Frauenfarn | 3 | X | 7 | X | 8 |
| Efeu | 4 | 5 | 5 | X | X |
| Wald-Habichtskraut | 4 | X | 5 | 4 | 4 |
| Hain-Rispengras | 5 | X | 5 | 5 | 4 |
| **Mittelwerte** | **3,80** | **5,00** | **5,40** | **4,67** | **5,50** |

| Name: | |
|---|---|
| Klausur Nr.: | Datum: |

*Hinweis: Bei der Mittelwertbildung werden lediglich die Pflanzen berücksichtigt, die für den jeweiligen Faktor einen Zeigerwert haben. Die Angabe „x" wird dabei nicht als Null berechnet. Daher können in einer Pflanzengesellschaft für jeden Faktor unterschiedlich viele Pflanzen zur Mittelwertbildung herangezogen werden.*

| Allgemein bedeuten die Wertzahlen | Faktoren | | | | |
|---|---|---|---|---|---|
| | Licht L | Temperatur T | Feuchte F | Bodenreaktion R | Nährsalz = Mineralstoffe N |
| 1 = sehr geringer Anspruch | tiefschattig | kalt | sehr trocken | stark sauer | sehr nährsalzarm |
| 3 = geringer Anspruch | schattig | kühl | mäßig trocken | sauer | nährsalzarm |
| 5 = mittlerer Anspruch | halbschattig | mäßig warm | frisch | mäßig sauer | mäßig nährsalzreich |
| 7 = hoher Anspruch | besonnt | warm | feucht | neutral | nährsalzreich |
| 9 = sehr hoher Anspruch | voll besonnt | extrem warm | nass | basisch | sehr nährsalzreich |
| die geraden Zahlenwerte 2, 4, 6 und 8 sind jeweils Zwischenstufen | | | | | |

x = indifferent (mit sehr breiter ökologischer Amplitude oder ohne besonderen Anspruch)

**Aufgaben**

1 Erläutern Sie mithilfe von Material A die Lebensraumvielfalt an einer Mauer! Berücksichtigen Sie dabei die abiotischen Faktoren! (10 Punkte)

2 Vergleichen Sie die Aussagen der Zeigerwerte aus Material B mit dem Vorkommen der Pflanzen aus Material A! (16 Punkte)

3 Erläutern Sie die Besonderheiten städtischer Lebensräume anhand der am Beispiel der frei stehenden Mauer dargestellten Schwankungsbreiten der Zeigerwerte! (8 Punkte)

# Lösungen

## Ausgewählte Ökosysteme

### Material: Lebensraumvielfalt an einer Mauer

| 1 Erläutern Sie mithilfe von Material A die Lebensraumvielfalt an einer Mauer unter Einbezug abiotischer Faktoren! *(Anforderungsbereich II)* | Punkte |
|---|---|
| – Mauerfuß, Mauerkrone und Mauerfugen werden von unterschiedlichen Pflanzen besiedelt. Darüber hinaus ist der Bewuchs abhängig von der Lichtintensität. Einige Arten finden sich eher auf der schattigen, andere eher auf der besonnten Seite. Das Schöllkraut wächst zum Beispiel auf der schattigen, der Weiße Mauerpfeffer auf der sonnigen Seite der Mauer. Beide Arten müssen die jeweiligen Werte des vorhandenen abiotischen Faktors Licht tolerieren. Anders herum gilt: Da sie jeweils einen entsprechenden Zeigerwert für das Licht haben, zeigen sie durch ihr Vorkommen die jeweiligen Lichtverhältnisse an. | 3 |
| – Auf der stärker besonnten Seite ist es an Sonnentagen sehr viel wärmer als auf der Schattenseite. | 1 |
| – Daher ist die Luftfeuchte auf der Sonnenseite geringer als auf der anderen Seite. | 1 |
| – Wasser sickert durch die Fugen zwischen den Steinen in der Mauer von oben nach unten. An der Mauerkrone wird der Boden also trockener sein als am Mauerfuß. | 1 |
| – In der Mauer vorhandene und mit dem Regen eingebrachte Mineralstoffe werden von oben nach unten ausgewaschen. An der Mauerkrone werden den Pflanzen also geringere Mineralstoffkonzentrationen zur Verfügung stehen als am Mauerfuß. | 1 |
| – Sofern die Steine kalkarm sind, wird die gesamte Mauer eine eher saure Bodenreaktion zeigen, andernfalls eher eine basische. | 1 |
| – In den oberen Bereichen der Mauer, auch unterhalb der Mauerkrone, wird auf beiden Seiten der Mauer eine hohe Lichteinstrahlung vorhanden sein, wobei die Sonnenseite ab und zu sehr hohen Lichtintensitäten ausgesetzt ist. | 1 |
| – Im Bereich des Mauerfußes kann es je nach Höhe der Mauer auf der Schattenseite deutlich dunkler sein als auf der Sonnenseite. Hier werden also eher Pflanzen vorkommen, die Schatten bevorzugen. | 1 |
| **Gesamtpunktzahl Aufgabe 1:** | **10** |

# Lösungen

| 2 Vergleichen Sie die Aussagen der Zeigerwerte aus Material B mit dem Vorkommen der Pflanzen aus Material A! *(Anforderungsbereiche I + II)* | Punkte |
|---|---|
| – Die Mauerkronenpflanzen Weißer Mauerpfeffer, Scharfer Mauerpfeffer, Flaches Rispengras und Dreifinger-Steinbrech sind bezogen auf ihre Zeigerwerte recht einheitlich.<br>– Sie zeigen starke Besonnung, trockene Verhältnisse, Wärme, neutrale bis basische Bodenreaktion und Nährsalzarmut an.<br>– Das entspricht den Erwartungen für die Werte dieser abiotischen Faktoren auf der Mauerkrone.<br>– Die Arten der Mauerfugen, Zymbelkraut, Brauner Streifenfarn, Mauerraute und Großes Schöllkraut, zeigen in allen Zeigerwerten ein uneinheitliches Bild.<br>– Während Zymbelkraut und Mauerraute eher besonnte Bereiche anzeigen, ist der Streifenfarn in halbschattigen Bereichen anzutreffen. Dies passt lediglich dann zu dem Schema, wenn der Streifenfarn auf der besonnten Seite hinter Pflanzen am Mauerfuß zu finden wäre.<br>– Die Temperaturverhältnisse sind entweder als warm angezeigt oder die Pflanzen haben keinen besonderen Anspruch an die Temperatur.<br>– Die Feuchte wird durch die Mauerraute als mäßig trocken angezeigt, was ihrem recht hohen Wuchsort entspricht. Die drei anderen Arten zeigen frische Verhältnisse an und wachsen demgemäß weiter unten an der Mauer.<br>– Die Reaktionszahl zeigt entweder neutral bis basisch an oder ist ohne Bedeutung.<br>– Die Nährsalzzahl variiert stark, sodass es in den Mauerfugen unterschiedliche Bedingungen gibt.<br>– Bis auf die Angaben zur Nährsalzzahl entsprechen alle Werte den Erwartungen. Eine Mauer scheint bezogen auf das Mineralstoffangebot sehr variabel zu sein.<br>– Auch am Mauerfuß sind die Verhältnisse unterschiedlich.<br>– Mäusegerste und Taube Trespe wachsen auf der Sonnenseite, Giersch und Efeu auf der Schattenseite und sie zeigen diese Lichtverhältnisse auch an.<br>– Entsprechend werden warme bis mäßig warme Verhältnisse angezeigt.<br>– Auf der Sonnenseite wird mäßige Trockenheit, auf der Schattenseite frischer Boden angezeigt.<br>– Der Boden reagiert neutral und ist auf der Sonnenseite mäßig nährsalzreich, auf der Schattenseite dagegen nährsalzreich.<br>– Diese Angaben entsprechen den Erwartungen. | jeweils 1 Punkt |
| **Gesamtpunktzahl Aufgabe 2:** | **16** |

| 3 Erläutern Sie Besonderheiten städtischer Lebensräume anhand der am Beispiel der frei stehenden Mauer dargestellten Schwankungsbreiten der Zeigerwerte! *(Anforderungsbereiche II + III)* | Punkte |
|---|---|
| – Schuttplätze sowie freistehende Mauern sind in der offenen Landschaft selten, in der Stadt aber häufig. | 1 |
| – Sowohl die Mauerkronenpflanzen als auch die thermophilen Ruderalpflanzen weisen darauf hin, dass urbane Lebensräume meistens wärmer sind als die in ihrer Umgebung. | 2 |
| – Die für eine Stadt typische Vielfalt an Lebensräumen wird an dem Beispiel deutlich. Auf engem Raum wachsen verschiedene Pflanzen mit ganz unterschiedlichen Ansprüchen. | 2 |
| – Waldpflanzen sind in der Stadt lebensfähig, genauso wie Pflanzen trockener und feuchter Standorte. | 1 |
| – Die Durchschnittswerte der Zeigerwerte der einzelnen Pflanzengesellschaften einer Mauer unterscheiden sich charakteristisch. Vor allem die Lichtverhältnisse und die Mineralstoffversorgung der Böden weisen eine hohe Vielfalt auf. | 1 |
| – Darüber hinaus sind einzelne Lebensräume kleinräumig unterschiedlich, wie die Zeigerwerte der Mauerfugenpflanzen erkennen lassen | 1 |
| **Gesamtpunktzahl Aufgabe 3:** | **8** |
| **Gesamtpunktzahl Material:** | **34** |

| Name: | |
|---|---|
| Klausur Nr.: | Datum: |

## Mensch und Umwelt

**Material: Ökologischer Fußabdruck und ökologische Tragfähigkeit der Erde**

*A Ökologischer Fußabdruck und ökologische Tragfähigkeit verschiedener Länder (2008)*

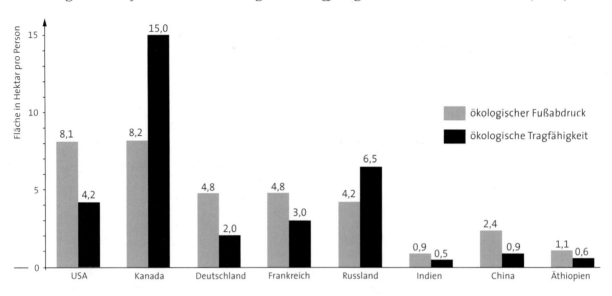

Die Differenz zwischen dem ökologischen Fußabdruck und der ökologischen Tragfähigkeit bezeichnet man als ökologisches Defizit beziehungsweise ökologische Reserve.

*B UN-Umweltgipfel „Rio 1992"*

Im Juni 1992 fand in Rio de Janeiro eine internationale Konferenz der Vereinten Nationen über Umwelt und Entwicklung mit Abgesandten fast aller Regierungen und Vertretern zahlreicher Nichtregierungsorganisationen statt. Es wurden mehrere multilaterale Umweltabkommen vereinbart, darunter die Klimarahmenkonvention. Sie legt völkerrechtlich verbindlich das Ziel fest, einen gefährlichen und menschlich verursachten Eingriff in das Klimasystem der Erde zu verhindern und Klimaschutzmaßnahmen zu treffen, selbst wenn noch keine endgültig gesicherten wissenschaftlichen Daten über den Klimawandel vorliegen. Um dieses Ziel zu erreichen, sollten gegebenenfalls ergänzende Protokolle und verbindliche Abkommen beschlossen werden. Die Klimarahmenkonvention wurde von den meisten Staaten unterschrieben und trat am 21. März 1994 in Kraft.
Außerdem sollte auch auf regionaler und lokaler Ebene mehr Wert auf Nachhaltigkeit gelegt werden. Dazu zählte ab sofort auch der Klimaschutz. Hierzu müssen die Vertragsstaaten regelmäßig über die aktuellen Treibhausgasemissionen und deren Tendenzen berichten.

**Aufgaben**

1. Erläutern Sie das Konzept des ökologischen Fußabdrucks unter Berücksichtigung der ökologischen Tragfähigkeit der Erde! (6 Punkte)

2. Werten Sie das Diagramm in Material A aus! (13 Punkte)

3. Bewerten Sie den Vergleich des ökologischen Fußabdrucks in Relation zur ökologischen Tragfähigkeit verschiedener Länder vor dem Hintergrund der Zielvereinbarungen der UN in Material B! (16 Punkte)

# Lösungen

## Mensch und Umwelt

### Material: Ökologischer Fußabdruck und ökologische Tragfähigkeit der Erde

| 1 Beschreiben Sie das Konzept des ökologischen Fußabdrucks unter Berücksichtigung der ökologischen Tragfähigkeit der Erde! *(Anforderungsbereich I)* | Punkte |
|---|---|
| – Der ökologische Fußabdruck der Menschheit bezeichnet die Fläche in Hektar, die notwendig ist, um die benötigten Gesamtressourcen der Weltbevölkerung bereitzustellen und die von allen Menschen produzierten Emissionen aufzunehmen. Die ökologische Tragfähigkeit der Erde, auch Biokapazität der Erde genannt, bezeichnet die Fläche in Hektar, die für nachhaltiges Wirtschaften auf der Erde maximal zur Verfügung steht.<br>– Da wir eine Erde haben, kann die ökologische Tragfähigkeit auf 1 gesetzt werden. Der ökologische Fußabdruck der Menschheit liegt dann derzeit bei etwa 1,6 Erden.<br>– Das Konzept des ökologischen Fußabdrucks lässt sich auf Länder, Unternehmen oder auch einzelne Menschen übertragen. Es dient dazu, die Endlichkeit der Ressourcen erkennbar zu machen und Zielvorstellungen zur Nachhaltigkeit zu konkretisieren. | jeweils 2 Punkte |
| **Gesamtpunktzahl Aufgabe 1:** | **6** |
| **2 Werten Sie das Diagramm in Material A aus!** *(Anforderungsbereich II)* | **Punkte** |
| – Das Säulendiagramm veranschaulicht den ökologischen Fußabdruck und die ökologische Tragfähigkeit verschiedener Länder im Jahr 2008 in Hektar pro Person. Somit wird das ökologische Defizit beziehungsweise die ökologische Reserve der verschiedenen Länder deutlich. | 2 |
| – Die USA und Kanada besitzen einen sehr großen Fußabdruck von etwa 8 Hektar pro Person, gefolgt von Deutschland und Frankreich mit etwa 5 Hektar pro Person. Russland liegt bei etwa 4 und China bei 2,4 Hektar pro Person. Einen kleinen Fußabdruck besitzen Äthiopien und Indien mit etwa 1 Hektar pro Person. | 2 |
| – Die ökologische Tragfähigkeit Kanadas liegt mit 15 Hektar pro Person deutlich über der Tragfähigkeit der anderen Länder. Russland besitzt eine Tragfähigkeit von 6,5 und die USA von etwa 4 Hektar pro Person. Frankreich folgt mit 3, Deutschland mit 2 und China mit etwa 1 Hektar pro Person. Das Schlusslicht bilden auch bei der ökologischen Tragfähigkeit Äthiopien und Indien mit etwa 0,5 Hektar pro Person. | 2 |
| – Vergleicht man den ökologischen Fußabdruck mit der ökologischen Tragfähigkeit der verschiedenen Länder, so ergeben sich für die einzelnen Länder ökologische Defizite oder ökologische Reserven. Kanada besitzt mit deutlichem Abstand eine Reserve von etwa 7 und Russland eine Reserve von etwa 2 Hektar pro Person. Alle anderen Länder liegen im Defizit. Das höchste Defizit besitzt die USA mit etwa 4, gefolgt von Deutschland mit etwa 3, Frankreich mit etwa 2 und China mit 1,5 Hektar pro Person. Auch Äthiopien und Indien liegen mit etwa 0,5 Hektar pro Person im ökologischen Defizit. | 2 |
| – Sowohl der ökologische Fußabdruck als auch die ökologische Tragfähigkeit der Länder sind sehr unterschiedlich. Die USA und Kanada haben einen exorbitant hohen Fußabdruck. Mit Ausnahme von Kanada und Russland befinden sich die Industriestaaten deutlich im ökologischen Defizit. Trotz der vergleichsweise sehr kleinen ökologischen Fußabdrücke der Entwicklungsländer liegen diese ebenfalls im Defizit. | 5 |
| **Gesamtpunktzahl Aufgabe 2:** | **13** |

# Lösungen

| 3 Bewerten Sie den Vergleich des ökologischen Fußabdrucks in Relation zur ökologischen Tragfähigkeit verschiedener Länder vor dem Hintergrund der Zielvereinbarungen der UN in Material B! *(Anforderungsbereiche II + III)* | Punkte |
|---|---|
| – Auf der UN-Umweltkonferenz 1992 wurden folgende Ziele vereinbart: Der anthropogene Eingriff in das Klimasystem soll völkerrechtlich verbindlich verhindert und Klimaschutzmaßnahmen sowie Maßnahmen für eine nachhaltige Entwicklung, also einen umweltschonenden Umbau der Weltwirtschaft, getroffen werden. | 4 |
| – Ein Ländervergleich der ökologischen Tragfähigkeit, der in Relation zu dem ökologischen Fußabdruck zu einem nationalen Defizit oder einer nationalen Reserve führt, ist völlig ungeeignet, um Zielvorstellungen eines nachhaltigen Wirtschaftens weltweit zu erreichen. | 3 |
| – Er befördert einzig nationale Egoismen. Kanada dürfte beispielsweise bei einer rein nationalen Betrachtungsweise seinen extrem hohen ökologischen Fußabdruck gemäß der ökologischen Tragfähigkeit nochmals verdoppeln und läge bei einem 16-fach höheren Fußabdruck als Äthiopien oder Indien. Umgekehrt müssten Äthiopien und Indien trotz eines 8-fach kleineren Fußabdrucks diesen aufgrund der geringen nationalen ökologischen Tragfähigkeit nochmals halbieren und lägen dann bei einem 32-fach niedrigeren Fußabdruck. | 3 |
| – Als Bezugsgröße für die Zielvereinbarungen der UN sollte der gesamte Globus herangezogen werden, denn beispielsweise Treibhausgasemissionen, radioaktive Strahlungen oder wirtschaftliche Ressourcennutzungen und Abfallentsorgungen machen vor nationalen Grenzen keinen Halt. | 3 |
| – Die vergleichsweise hohen ökologischen Fußabdrücke der Industriestaaten erklären sich zum Teil durch die dichte Infrastruktur, die von den Einwohnern der Länder alltäglich genutzt wird. Umgekehrt erklären sich die niedrigen Fußabdrücke der Entwicklungsländer auch durch fehlende Infrastruktur. Die Umstrukturierung der Infrastruktur in Industriestaaten zur Nachhaltigkeit und der nachhaltige Infrastrukturaufbau in Entwicklungsländern zur Wohlstandsentwicklung bleibt im Rahmen der globalen Bezugsgröße eine dringende Aufgabe. | 3 |
| **Gesamtpunktzahl Aufgabe 3:** | **16** |
| **Gesamtpunktzahl Material:** | **35** |

| Name: | |
|---|---|
| Klausur Nr.: | Datum: |

## Mensch und Umwelt

### Material: Zukunft der Menschheit

*A UN-Umweltgipfel „Rio+20"*

Im Juni 2012 fand die Konferenz „Rio+20" statt, in der die Staatengemeinschaft eine Bewertung der Pläne des Umweltgipfels „Rio 1992" vornehmen und neue Richtlinien gegen Armut und Umweltzerstörung beschließen wollte. Passend zu diesem Gipfeltreffen zeigten Forscher drei mögliche Zukunftswege der Menschheit auf der Erde auf, die in dem Fachmagazin „PloS Biology" veröffentlicht wurden.

1. Pessimistisches Szenario:
Forscher der University of New Mexico (USA) sind der Meinung, dass der Verbrauch der Ressourcen den kritischen Punkt bereits überschritten hat. Die rasante Ausbeutung der Natur sei zu groß, um die Verwüstungen beheben zu können. Zudem beschleunigt die wachsende Weltbevölkerung die Zerstörung der Umwelt. Daher würde sich der Kampf um Rohstoffe in späteren Generationen noch verschärfen.

2. Optimistisches Szenario:
Nach Forschern der Umweltschutzorganisation Conservation International in Arlington im US-Staat Virginia gibt es Anlass zu vorsichtigem Optimismus. In der Vergangenheit hätte sich die Menschheit unter Zwang auf Krisen eingestellt und hilfreiche Technologien entwickelt. Die Erträge der Landwirtschaft seien beispielsweise in den vergangenen Jahrzehnten enorm gestiegen. Auch das Abkommen zum Schutz der Ozonschicht von 1987, das Montreal-Protokoll, sei ein positives Beispiel für die Handlungskompetenz der Menschheit. Der Ausstoß von Gasen, die die Ozonschicht zerstören, wurde verboten. Derzeit fände der Umbau hin zu einer umweltfreundlicheren Weltwirtschaft statt. Außerdem gebe es Anzeichen für ein deutlich reduziertes Bevölkerungswachstum.

3. Mittleres Szenario:
Eine Forscherin vom Imperial College London teilt beide Analysen. Das Wissen um die Zukunft der Menschheit zeige aber große Lücken. Umweltveränderungen und insbesondere Entwicklungen neuerer Technologien seien kaum vorhersagbar. Je nachdem, welche der vielen wissenschaftlichen Szenarien am meisten überzeugt und somit zugrunde gelegt wird, sei der Blick in die Zukunft der Menschheit pessimistisch oder optimistisch.
Die erheblichen Folgen der Rohstoffausbeutung und des Klimawandels beträfen einzelne Länder ganz unterschiedlich hart. Auch der Wohlstand der Länder spiele hierbei eine Rolle. Die Weltgemeinschaft habe aber die Möglichkeit, mit Konferenzen wie dem UNO-Gipfel in Rio das Schlimmste zu verhindern.

Die Ergebnisse der Konferenz „Rio+20" sind allerdings eher unverbindliche Absichtserklärungen als eine Anleitung zum umweltschonenden Umbau der Weltwirtschaft, denn die Mitgliedsstaaten haben sich in der Abschlussdeklaration „Die Zukunft, die wir wollen" keine großen Verpflichtungen auferlegt.

| Name: | |
|---|---|
| Klausur Nr.: | Datum: |

*B Bevölkerungsprognosen der Vereinten Nationen*

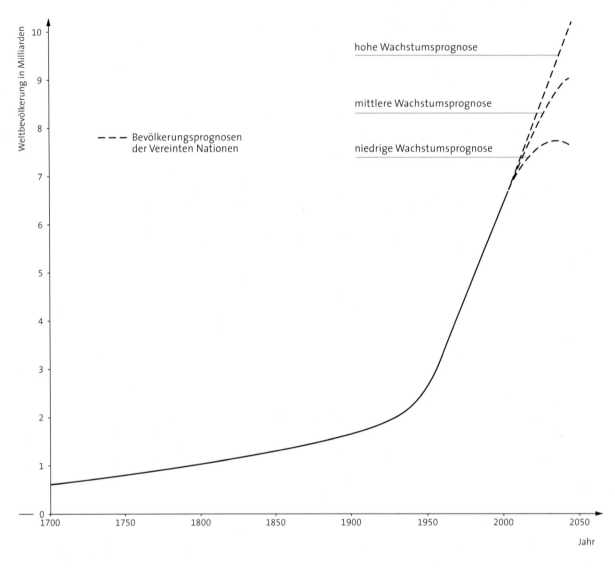

**Aufgaben**

1  Beschreiben Sie die aus Ihrer Sicht vier größten Risiken der Menschheit in der Zukunft! (8 Punkte)

2  Stellen Sie vergleichend die wesentlichen Argumente heraus, die jeweils von den Forschern der drei Szenarien in Material A vorgebracht werden! Ordnen Sie den Szenarien begründet eine der Wachstumsprognosen aus Material B zu! (12 Punkte)

3  Bewerten Sie die jeweiligen Argumente vor dem Hintergrund der UN-Millenniumsziele und stellen Sie daraus abgeleitet ein eigenes Szenario vor! (20 Punkte)

# Lösungen

## Mensch und Umwelt

### Material: Zukunft der Menschheit

| 1 Beschreiben Sie die aus Ihrer Sicht vier größten Risiken der Menschheit in der Zukunft! *(Anforderungsbereich I)* | Punkte |
|---|---|
| – Das regional höchst unterschiedliche, aber weltweit weiterhin exponentielle Bevölkerungswachstum, das unter anderem die eigentliche Ursache für den übermäßigen Ressourcenverbrauch ist.<br>– Der Ressourcenverbrauch und die Konflikte um Ressourcen wie landwirtschaftliche Nutzflächen, Wasser, fossile Rohstoffe, Erze und Holz.<br>– Der Klimawandel mit seinen natürlichen Ursachen, wie Sonnenstürmen, geologischen Prozessen, Änderung von Meeres- und Windströmungen, sowie dem anthropogenen Treibhauseffekt.<br>– Die Umweltzerstörung und Umweltverschmutzung, zum Beispiel Abholzung der Regenwälder, Verdichtung und Zersiedelung der Landschaft, Luft-, Wasser- und Bodenbelastung durch chemische Stoffe, Umweltkatastrophen natürlichen und künstlichen Ursprungs mit möglichen, sich verstärkenden Rückkopplungseffekten, Verschmutzung der Meere durch Kunststoffabfälle und Öl. | jeweils 2 Punkte |
| **Gesamtpunktzahl Aufgabe 1:** | **8** |
| 2 Stellen Sie vergleichend die wesentlichen Argumente heraus, die jeweils von den Forschern der drei verschiedenen Szenarien in Material A vorgebracht werden! Ordnen Sie den Szenarien begründet eine der Wachstumsprognosen aus Material B zu! *(Anforderungsbereiche I + II)* | Punkte |
| – Pessimistisches Szenario: Der Ressourcenverbrauch hat den kritischen Punkt bereits überschritten, das Weltbevölkerungswachstum beschleunigt die Naturausbeutung und Umweltzerstörung, die nicht mehr rückgängig zu machen sind.<br>– Optimistisches Szenario: In der Vergangenheit hat sich die Menschheit in Zwangslagen an Krisen angepasst und technische Neuerungen entwickelt, dies zeigt sich beispielsweise an der Zunahme der landwirtschaftlichen Erträge und an der international erfolgreichen Zusammenarbeit bei dem Verbot der ozonschichtzerstörenden Gase. Jetzt ist der Wechsel zu einer umweltfreundlichen Weltwirtschaft im Gange. Außerdem gibt es Anzeichen für ein deutlich geringeres Bevölkerungswachstum.<br>– Mittleres Szenario: Große Wissenslücken führen dazu, dass insbesondere technologische Entwicklungen und Umweltveränderungen schwer vorherzusagen sind. Der wesentliche Unterschied zwischen einem zuversichtlichen und einem hoffnungslosen Blick in die Zukunft liegt darin, welche der vielen wissenschaftlichen Szenarien einen am ehesten überzeugt. Des Weiteren sind die Länder je nach Wohlstand von den Auswirkungen des Klimawandels und des Ressourcenverbrauchs höchst unterschiedlich betroffen. Durch internationale Konferenzen habe die Weltgemeinschaft aber die Gelegenheit, die schlimmsten Auswirkungen zu verhindern.<br>– Das pessimistische Szenario geht von einem weiteren Bevölkerungswachstum aus, ist also der hohen Wachstumsprognose zuzuordnen. Das optimistische Szenario sieht Anzeichen eines gebremsten Bevölkerungswachstums, ist also der niedrigen Wachstumsprognose zuzuordnen. Das mittlere Szenario verdeutlicht die Unsicherheiten und Schwierigkeiten der Vorhersagen, geht aber auf das Bevölkerungswachstum nicht ein. | jeweils 3 Punkte |
| **Gesamtpunktzahl Aufgabe 2:** | **12** |

# Lösungen

| 3 Bewerten Sie die jeweiligen Argumente vor dem Hintergrund der UN-Millenniumsziele und stellen Sie daraus abgeleitet ein eigenes Szenario vor! *(Anforderungsbereiche I, II + III)* | Punkte |
|---|---|
| – Millenniumsziele der UN für Entwicklungsländer sind unter anderem die Ermöglichung einer Familienplanung, Gleichberechtigung und Berufstätigkeit der Frauen, medizinische Grundversorgung mit geringer Kindersterblichkeit und eine gerechtere Einkommensverteilung sowie die Halbierung der Anzahl hungernder Menschen bis 2015. | 4 |
| – Sie sollen auch zu einem demografischen Übergang der Weltbevölkerung führen: durch die Senkung der Geburtenrate in Entwicklungsländern – vor allem in Afrika – nähert sich die Geburtenrate auf niedrigem Niveau der Sterberate an und führt zu einem gebremsten Weltbevölkerungswachstum. | 3 |
| – Die Argumente des pessimistischen Szenarios könnten zwar fatalistisch wirken und eine Hoffnungslosigkeit bewirken, sie verdeutlichen aber den ökologischen Fußabdruck der Menschheit und den enormen Handlungsdruck, denn die Millenniumziele sind in den Entwicklungsländern noch nicht erreicht. | 3 |
| – Die Argumente des optimistischen Szenarios beziehen sich auf zwei positive und tatsächlich sehr erfreuliche Beispiele aus der Vergangenheit. Die verallgemeinernde Schlussfolgerung, die Menschheit würde sich auf Krisen einstellen und hilfreiche Technologien entwickeln, grenzt an Technologiegläubigkeit beziehungsweise Machbarkeitswahn und ist irreführend. Gleichzeitig blockieren sie eigenes Handeln. Die Anzeichen für ein reduziertes Weltbevölkerungswachstum werden nicht konkretisiert und sind daher nicht überprüfbar. | 3 |
| – Die Aussage des mittleren Szenarios, dass es große Wissenslücken um die Zukunft der Menschheit gäbe und sich daher die wissenschaftlichen Szenarien in ihren Grundrichtungen erheblich unterscheiden, bietet keine vernünftige Diskussionsgrundlage und wirkt verharmlosend. Die weiteren Argumente sind nachvollziehbar. Sie verdeutlichen einerseits die Aufgabe der Weltgesellschaft, die Rohstoffausbeutung und den Klimawandel zu reduzieren, um die für einzelne Länder erheblichen Folgen zu verkleinern, andererseits in Entwicklungsländern die Armut zu bekämpfen. Solange die Chancen der Weltgemeinschaft, die in Instrumentarien wie dem Erdgipfel in Rio liegen, durch unverbindliche Absichtserklärungen vertan werden und zum Beispiel die UN-Millenniumziele unzureichend umgesetzt werden, erscheint das pessimistische Szenario eher realistisch. Eine weltweite Entwicklungspartnerschaft setzt mehr als unverbindliche Erklärungen voraus. | 3 |
| – *Individuelle Schülerlösung. Ein eigenes Szenario sollte auf der Grundlage der obigen Darstellung zwischen Chancen und Risiken abwägen und den Aspekt der Nachhaltigkeit auf unterschiedlichen Ebenen – von der Eigenverantwortung des Einzelnen bis zur Verantwortung internationaler Organisationen wie den Vereinten Nationen – thematisieren.*<br>– Mögliche Themenbereiche:<br>  - *Tägliches eigenverantwortliches Handeln und Einwirkung auf Entscheidungsträger*<br>  - *Förderung der Millenniumsziele der UN und Verringerung des Bevölkerungswachstums*<br>  - *Nachhaltige Regelung weltweiter Wirtschaftsprozesse*<br>  - *Armutsbekämpfung in Entwicklungsländern und Verkleinerung des ökologischen Fußabdrucks in Industrieländern*<br>  - *Erhöhung erneuerbarer Energien und nachwachsender Rohstoffe sowie effizientere Technologien und weitgehend geschlossene Wertstoffkreisläufe*<br>  - *weltweite Entwicklungspartnerschaften* | 4 |
| **Gesamtpunktzahl Aufgabe 3:** | **20** |
| **Gesamtpunktzahl Material:** | **40** |

## Mensch und Umwelt

### Material: Abmilderung der globalen Erwärmung

*A Ursachen des Treibhauseffektes*

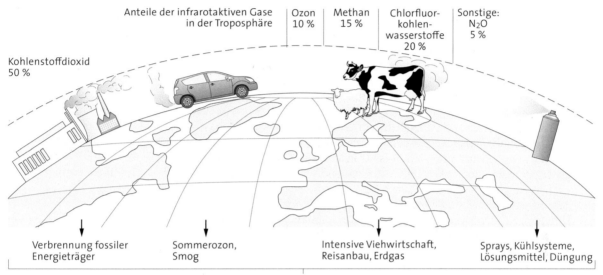

Wirkung: Beeinflussung des Energiehaushaltes der Erde - Treibhauseffekt

*B Ideensammlung zu technischen Maßnahmen zur Abmilderung der globalen Erwärmung*

| Chemische Verfahren filtern Kohlenstoffdioxid aus der Luft. | Folien reflektieren Sonnenstrahlen in Wüstenregionen. | Die Häuser in Ballungsräumer und deren Dächer werden weiß gestaltet. |

| Begrünung von Dachflächen, Brachflächen und Wüsten, Aufforstung. | Moorwiedervernässung, um Moorbrände zu vermeiden und die Artenvielfalt zu erhöhen. |

| Biomasse-Reaktoren setzen Bioabfälle in Kohle um. | Kohlenstoffdioxid wird in geeignete Erdschichten oder in die Tiefsee gepumpt. |

| Schiffe bringen Eisenspäne ins Meer aus, die ein verstärktes Algenwachstum verursachen. Dadurch wird Kohlenstoffdioxid gebunden. | Flugzeuge oder Ballons versprühen bis in die Stratosphäre hinein Schwefelteilchen, die Sonnenlicht ins All reflektieren. |

| Name: | |
|---|---|
| Klausur Nr.: | Datum: |

*C Persönliche Kohlenstoffdioxidbilanz*

Im Durchschnitt ist jeder Deutsche an etwas mehr als elf Tonnen Kohlenstoffdioxidausstoß pro Jahr beteiligt. Davon kann er etwa 1,2 Tonnen nicht selbst beeinflussen, da sie vom Staat für jeden Bürger zum Beispiel zum Ausbau der Infrastruktur verursacht werden.

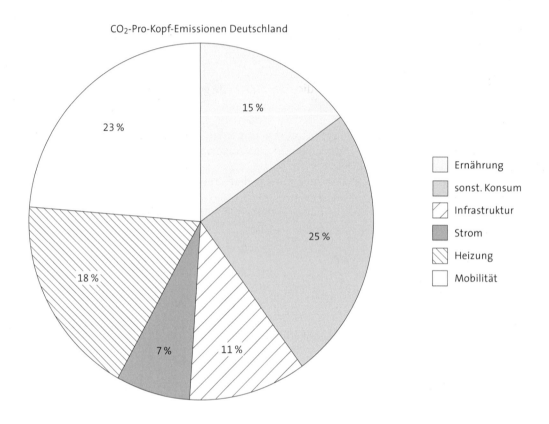

**Aufgaben**

1 Beschreiben Sie die Ursachen und Wirkungen klimarelevanter Gase im Vergleich! Stellen Sie dabei die Rolle des Kohlenstoffdioxids besonders heraus! (14 Punkte)

2 Diskutieren Sie Chancen und Risiken von drei gewählten technischen Maßnahmen zur Abmilderung des Treibhauseffektes! Ergänzen Sie Ihre Ausführungen um einen eigenen Vorschlag und beurteilen Sie diesen! (16 Punkte)

3 Schlagen Sie geeignete Maßnahmen für den einzelnen Bürger vor, die Kohlenstoffdioxidbilanz effizient zu verbessern! (10 Punkte)

# Mensch und Umwelt

## Material: Abmilderung der globalen Erwärmung

| 1 Beschreiben Sie die Ursachen und Wirkungen klimarelevanter Gase im Vergleich. Stellen Sie dabei die Rolle des Kohlenstoffdioxids besonders heraus! *(Anforderungsbereiche I + II)* | Punkte |
|---|---|
| – Die Verbrennung fossiler Energieträger in der Industrie, im Verkehr und zum Heizen setzt große Mengen Kohlenstoffdioxid frei. Durch Reflexion der von der Erde abgestrahlten Wärme wirkt sich Kohlenstoffdioxid als Treibhausgas auf das Klima aus. Zudem wirkt sich in Wasser gelöstes Kohlenstoffdioxid als Kohlensäure pH senkend aus. Das Kohlenstoffdioxid ist über die Fotosynthese und die Atmung auch an natürliche Lebensvorgänge gekoppelt. Das Meer ist der größte Kohlenstoffdioxidspeicher. Insgesamt trägt das natürliche Kohlenstoffdioxid etwa fünf Grad zum natürlichen Treibhauseffekt bei, der für die Lebensvorgänge auf der Erde notwendig ist. Dagegen wirkt sich der durch zusätzliche Freisetzung der Treibhausgase wie Kohlenstoffdioxid verstärkte Treibhauseffekt eher negativ aus. Mit Wetterextremen und dem Ansteigen des Meeresspiegels muss in diesem Zusammenhang zukünftig gerechnet werden. | 6 |
| – Methan wird besonders bei der intensiven Viehwirtschaft freigesetzt. Wiederkäuer setzen vermehrt dieses hochaktive Treibhausgas frei. | 2 |
| – Chlorfluorkohlenwasserstoffe sind zwar als Zusatzstoffe deutlich reduziert worden, werden aber bei industrieller Produktion zum Teil immer noch freigesetzt. | 2 |
| – Bodennahes Ozon entsteht unter Sonneneinwirkung vor allem durch die Emissionen von Stickstoffverbindungen der Autoabgase. | 2 |
| – Vor allem Methan und Distickstoffoxid, aber auch Chlorfluorkohlenwasserstoff absorbieren in hohem Maße bisher ungehindert ins All entweichende Infrarotwärmestrahlung. Sie tragen damit besonders zum vom Menschen beeinflussten Treibhauseffekt bei. | 2 |
| **Gesamtpunktzahl Aufgabe 1:** | **14** |

# Lösungen

| 2 Diskutieren Sie Chancen und Risiken von drei ausgewählten technischen Maßnahmen zur Abmilderung des Treibhauseffektes! Ergänzen Sie Ihre Ausführungen um einen eigenen Vorschlag und beurteilen Sie diesen! *(Anforderungsbereiche II + III)* | Punkte |
|---|---|
| – Grundsätzlich geeignet zur Abmilderung der globalen Erwärmung erscheint die zusätzliche Reflektion von Sonnenstrahlen durch technische Maßnahmen wie reflektierende Folien in Wüstenregionen. Damit würde die Umwandlung in wärmende Infrarotstrahlung auf der Erdoberfläche reduziert werden. | 2 |
| – Um einen messbaren Effekt zu erzielen, müssten die reflektierenden Flächen sehr groß sein, wie es in Wüsten gegeben ist. In solchen Größenordnungen wäre das Spannen von reflektierenden Folien extrem teuer und käme nur in Gebieten ohne Besiedlung mit höheren Lebewesen in Betracht. Daher erscheint diese Maßnahme nicht geeignet. | 3 |
| – Die Bindung von freiem Kohlenstoffdioxid der Luft in technischen Verfahren würde den Anteil dieses klimaaktiven Gases in der Atmosphäre eindämmen. | 2 |
| – Ins Meer eingebrachter Dünger zur Algenvermehrung würde die Bindung des Kohlenstoffdioxids in Fotosynthese betreibenden Algen verstärken. Die abgestorbenen Organismen versinken dann in der Tiefsee und entziehen der Atmosphäre somit zunächst das Kohlenstoffdioxid. Die Folgen für das Meeresökosystem sind jedoch nur schwer abzuschätzen. Da sich auch hier nur große umgesetzte Stoffmengen relevant auf den Kohlenstoffdioxidgehalt der Atmosphäre auswirken können, wird der störende Einfluss auf die Nahrungsketten des Meeres vermutlich zu groß sein. | 3 |
| – Die Begrünung von Freiflächen wie Dächer, Brachflächen und Wüsten würde eine zusätzliche Bindung von Kohlenstoffdioxid in höheren Pflanzen ermöglichen, was vor allem bei Gehölzen der Fall ist. Das feuchtere Kleinklima könnte sogar für zusätzliche Abkühlung sorgen. Während die Aufforstung von klimatisch günstigen Standorten und das Begrünen von Dachflächen durchaus sinnvoll erscheint, ist ein Begrünen der Wüsten aufgrund des hohen Wasserverbrauchs abzulehnen. Dadurch stünden jedoch nur relativ kleine Flächen zur Verfügung. | 3 |
| – Dagegen erscheinen technische Maßnahmen, die den Ausstoß klimarelevanter Gase reduzieren, deutlich effizienter. Mithilfe von Fotovoltaikanlagen und Windrädern lassen sich Kohlenstoffdioxidemissionen zum Beispiel ökonomischer vermeiden oder verringern, als bereits freigesetztes Kohlenstoffdioxid wieder der Atmosphäre zu entziehen. Die Nutzung der genannten Energieerzeugungsarten wirkt sich besonders günstig auf den Kohlenstoffdioxidhaushalt aus, wenn sie als Alternative zu Kohlekraftwerken betrieben werden. | 3 |
| **Gesamtpunktzahl Aufgabe 2:** | **16** |

# Lösungen

| 3 Schlagen Sie geeignete Maßnahmen für den einzelnen Bürger vor, die Kohlenstoffdioxidbilanz effizient zu verbessern! *(Anforderungsbereiche II + III)* | Punkte |
|---|---|
| – Das Diagramm von Material C zeigt, dass jeder Einzelne 89 Prozent der persönlichen Kohlenstoffdioxidbilanz selbst beeinflussen kann.<br>– Durch sparsame Nutzung von Konsumgütern und fleischarme Ernährung lassen sich die größten Effekte erzielen, da sie zusammen 40 Prozent der Kohlenstoffdioxid-Pro-Kopf-Emission ausmachen.<br>– Mit 23 Prozent Anteil am Pro-Kopf-Kohlenstoffdioxidausstoß und damit durchschnittlich etwa 2,5 Tonnen Kohlenstoffdioxid pro Jahr trägt der Faktor Mobilität ebenfalls maßgeblich zu diesen Emissionen bei. Dieser Wert lässt sich durch die Nutzung von öffentlichen Verkehrsmitteln und dem Fahrrad am deutlichsten reduzieren. Als PKW sollte ein möglichst verbrauchsarmes Fahrzeug gewählt werden, Flugreisen sollten vermieden werden.<br>– Durch die Dämmung des Wohnhauses und den Einbau moderner Heizungsanlagen lässt sich der Kohlenstoffdioxidausstoß reduzieren.<br>– Da auch bei der Energieumwandlung in elektrischen Strom Kohlenstoffdioxid freigesetzt wird, wirken sich stromsparende Maßnahmen, wie die Abtrennung von „Standby"-Geräten vom Stromnetz und die Anschaffung von Elektrogeräten einer günstigen Effizienzklasse, günstig aus. Als Hauseigentümer sollte man die Nutzung der Sonnenenergie prüfen und ggf. in eine Solaranlage investieren. | jeweils 2 Punkte |
| **Gesamtpunktzahl Aufgabe 3:** | **10** |
| **Gesamtpunktzahl Material:** | **40** |